지성단일성

Thomas Aquinas
DE UNITATE INTELLECTUS
contra Averroistas

Translated with introduction and notes by
Lee Jaekyung

© Benedict Press, Waegwan, Korea 2007

중세철학총서 006
지성단일성
2007년 6월 초판 | 2010년 10월 재쇄
역주자 · 이재경 | 펴낸이 · 이형우
ⓒ 분도출판사
등록 · 1962년 5월 7일 라15호
718-806 경북 칠곡군 왜관읍 왜관리 134의 1
왜관 본사 · 전화 054-970-2400 · 팩스 054-971-0179
서울 지사 · 전화 02-2266-3605 · 팩스 02-2271-3605
www.bundobook.co.kr

ISBN 978-89-419-0708-4 94160
ISBN 978-89-419-0751-0 (세트)
값 20,000원

중세철학총서 006

토마스 아퀴나스
지성단일성

이재경 역주

분도출판사

【일러두기】

1. 이 번역본은 토마스 아퀴나스의 『지성단일성』 레오 판 *De unitate intellectus contra Averroistas*, Leonine ed. vol. 43, 1996을 원본으로 삼되 고전 라틴어 표기법에 따라 일부 수정했다. 기타 문헌도 이에 준한다. 독자들의 편의를 위해 아라비아 숫자로 표시한 단락 구분은 킬러W.L. Keeler가 편집한 판본 *S. Thomae Aquinatis Tractatus de unitate intellectus contra Averroistas*, Rome: Gregorian University 1936을 따랐다.
2. 원문 이해를 돕기 위해 역주자가 보충한 내용은 [ ] 안에 넣었다.
3. 주요 인명과 책명은 처음 한 번만 원어를 병기했다.
4. 각 장의 우리말 제목은 역주자가 달았다.

간행사

'중세철학총서'는 대략 5세기에서 15세기에 이르는 시기 동안 라틴어로 저술된 철학 문헌들을 원문과 한글의 대역본으로 간행하고자 한다. 지금 독자의 손안에 펼쳐진 이 책은 그러한 총서의 일환이다. 총서가 대상으로 삼는 문헌들이 저술된 1,000년에 걸친 긴 세월이나 그러한 저술들을 쓴 공간과 그 역사적 배경의 상이성을 감안하면 총서의 기획 의도에 관해 몇 마디 말이 필요할 것 같다.

그토록 오랜 세월과 다양한 역사적·공간적 분포에도 불구하고, 이 시기의 철학 문헌들은 모두 보편교회의 이상 속에서 당대의 문화와 삶을 관통한 그리스도교라는 종교적 배경을 하나의 공통의 틀로 지니고 있다. 6세기 로마에서 쓴 보에티우스의 작품이건, 8세기 샤를 마뉴 대제의 궁정에서 쓴 알퀴누스의 작품이건, 13세기 이탈리아에서 쓴 토마스 아퀴나스의 작품이건, 14세기 파리 혹은 옥스퍼드 대학에서 어떤 주제에 관해 쓴 작품이건 간에 그리스도교라는 큰 지평 위에서, 더 넓게 잡자면 유일신적 계시종교의 지평 위에서 철학의 문제들과 씨름했다. '중세철학총서'를 하나의 총서 형태로 기획할 수 있었던 것은 무엇보다도 철학사의 다른 시기와 구별되는 이 지평 때문이었다.

그런데 문제는 공유된 지평에서 중세철학 일반을 '철학' 아닌 것으로 폄하할 이유를 도출하거나 철학으로 인정한다 하더라도 무시해도 좋을 지적 작업으로 평가하는 태도다. 지평은 그 위에서 일어나는 작업들이 한결같이 호교론적 관심에서 진행되었다거나 모두 일정한 한계를 가질 수밖에 없음을 의미하지 않는다. 이 지평은 무수히 다양할 뿐만 아니라 서로 대립·모순되는 전통의 이해와 풀어야 할 문제들의 해답들을 낳았으며, 이 갈등과 긴장의 연속이 없었다면 주어진 답과 지평 너머로 나아가려는 노력조차 없었을 것이다. 중세철학 고유의 성취라고 여겨지는 사유나 소위 주류 해석과 갈등하면서 다른 방식의 세계 이해를 추구했던 노력들은, 궁극적으로 그리스도교적 지평에서 전개되었지만 대단한 내적 동력과 발전상을 보여 준다. 중세적 지평 밖으로 나아가려는 시도 자체가 철학의 이름으로 정당화되고, 그렇게 해서 근세라는 새로운 지평이 열리지 않았던가? 근세철학이 의식적으로 자신들의 정체성을 위해 그토록 강조해서 선전했던 중세와의 단절 노력에도 불구하고, 의식되지 않은 수준에서 더 깊은 연속성이 서양 지성사와 서양 문명을 관통하는 것으로 보인다. 이 다양성과 내적 동력, 깊은 수준에서 이루어지는 근세적 태도까지의 연속성의 뿌리를 추적하고 이해하는 일이, 중세에는 철학이 없었다는 선입견에 머무는 것보다 훨씬 의미 있는 일일 것이다.

중세철학의 커다란 특징인 종교적 배경이 철학이라는 지적 활동의 장애 요소로 작용했는지, 아니면 이전까지 경험하지 못했던 사유지평의 확장을 가져왔는지는 중세철학의 평가와 관련해서 첨예한 입장 차이를 보이는 물음 중 하나이다. 이차문명으로 출발한 중세가 자의식과 독자성을 확보해

가는 과정에서 기초 자료였던 고전 철학의 지적 전통들을 자신의 지평 안에서 체계적으로 오해한 것인지, 아니면 긍정적인 의미의 창조적 변형에 성공한 것인가라는 물음도 역시 마찬가지다. 대답이 궁극적으로 어느 쪽으로 나건 간에, 이런 식의 물음은 우리가 오늘날 철학이라고 부르는 지적 활동의 한계와 정당성에 관한 깊이 있는 통찰을 필요로 할 것이다. 중세철학이 단순한 역사적 관심을 넘어 철학적 관심을 요구할 수 있는 것도 바로 이러한 관점에서다.

중세철학의 성취와 한계를 인정하거나 비판하는 일, 혹은 중세철학이 서 있던 지평 자체를 수용하거나 비판하는 일은, 중세철학이 수용했던 전통과 거기서부터 만들어 낸 논증들, 그리고 그러한 작업이 궁극적으로 중세적 지평에서 점하는 위치와 역할에 대한 면밀한 이해를 요구한다. '중세철학총서'는 이러한 이해에 필요한 문헌적 토대를 구축할 목적으로 기획되었다.

특히 대역판 형식을 통해서 추구하는 바는 다음 두 가지로 압축할 수 있을 것이다: 대역본에 실리는 원문은 한글 번역을 통해 온전히 전달할 수 없는 원전의 의미를 위한 교정적 기준으로 작용할 것이며, 동시에 번역만 가지고는 쉽게 확인할 수 없는 중심 개념들의 연원 내지 철학사적 연속성을 추적하는 데 도움을 줄 것이다. 철학사의 다른 어느 시기보다 전통을 힘주어 강조한 중세철학은, 전통과는 다른 입장을 취할지라도 전승된 개념에 대한 해석으로부터 그 차이를 밝혀 나가는 방식을 취했던 만큼, 한국어로는 쉽게 고정되기 어려운 전문용어들과 그 연속성의 추적은 이 방식을 통해 어느 정도 보충될 수 있으리라 믿는다. 아울러, 이 총서를 기반으로 향후 중량감 있는 학계의 이차 연구 작업들이 더욱 편리하고 효율적으로 진행될 수 있기를 기대해 마지않는다.

수용하든 비판하든, 중세철학의 이해를 통해 철학사 전체의 균형 있는 이해가 가능해지고, 그를 통해 우리가 '철학', 더 나아가 '인문학'이라고 부르는 지적 작업의 성격과 한계에 대한 이해를 넓히는 것이 '중세철학총서'의 궁극적 지향점이다.

중세철학이라는 무지의 대해는 넓고, 얼마나 많은 돌을 던져 넣어야 그나마 발을 디딜 수 있는 섬이 확보될지조차 아직 짐작할 수 없는 형국이지만, 그런 심정으로 총서의 한 권 한 권을 발간해 나갈 생각이다. 한 마리의 제비가 왔다고 봄이 온 것은 아니듯, 총서 한 권이 발행되었다고 총서가 의도했던 바가 이루어지는 것은 아닐 것이다. 많은 분의 관심과 격려 속에 총서가 속속 간행되면서 총서의 목적이 실현될 날이 가까워지기를 감히 희망할 뿐이다.

2007년 예수 부활 대축일
중세철학총서 간행위원장 이재룡

【약어표】

□ 아리스토텔레스

DA	*De anima* 『영혼론』
Met	*Metaphysica* 『형이상학』
NE	*Ethica Nicomachea* 『니코마코스 윤리학』
Phys	*Physica* 『자연학』

□ 아베로에스

LCDA   *Averrois Cordubensis commentarium magnum in Aristotelis de anima libros* (Ed. F.S. Crawford. Cambridge, MA: Medieval Academy 1953) 『영혼론 대주해』

□ 시제 브라방

QIIIDA   *Quaestiones in tertium de anima* (Ed. Bernardo C. Bazán. Louvain - Paris: Publications universitaires Béatrice-Nauwelaerts 1972) 『영혼론 3권에 대한 문제』

DAI   *De anima intellectiva* (Ed. Bernardo C. Bazán. Louvain - Paris: Publications universitaires Béatrice-Nauwelaerts 1972) 『지성적 영혼』

▫ 토마스 아퀴나스

DUI	*De unitate intellectus contra Averroistas* (Ed. Leonine. vol. 43, 1996) 『지성단일성』
In DA	*Sentencia libri de anima* (Eds. Leonine. vol. 45, 1, 1984) 『영혼론 주해』
In Sent	*Scriptum super libros Sententiarum* (4 vols. Eds. P. Mandonnet and M.F. Moos. Paris: Lethielleux 1929~1942) 『명제집 주해』
QDA	*Quaestiones disputatae de anima* (Ed. Leonine, vol. 44, 1, 1996) 『영혼에 대한 토론 문제』
QDSC	*Quaestio disputata de spiritualibus creaturis* (In *Quaestiones disputatae*. vol. 2. Eds. M. Calcaterra and T.S. Centi. Turin - Rome: Marietti 1953) 『영적 피조물에 대한 토론 문제』
SCG	*Summa contra gentiles* (3 vols. Eds. C. Pera, P. Marc, and P. Caramello. Turin: Marietti 1961~1967) 『대이교도대전』
ST	*Summa theologiae* (5 vols. Ottawa: Collège Dominican 1941~1945) 『신학대전』

DE UNITATE INTELLECTUS

|차례|

간행사 □ 5

해제

1. 저술의 배경과 안내 □ 13
2. 아베로에스와 아베로에스주의자들 □ 18
   - 2.1 아베로에스 □ 18
   - 2.2 시제 브라방 □ 26
3. 저술의 개요 □ 32
   - 3.1 지성분리성 비판: 1-3장 □ 33
   - 3.2 지성단일성 비판: 4-5장 □ 43
4. 저술의 영향과 의의 □ 48
   - 참고문헌 □ 52

DE UNITATE INTELLECTUS

본문과 역주

제1장_아리스토텔레스 해석을 통한 지성분리성 비판 □ 63

제2장_소요학파 이론을 통한 지성분리성 비판 □ 129

제3장_철학적 논변을 통한 지성분리성 비판 □ 143

제4장_지성단일성 비판 □ 177

제5장_지성다수성을 위한 철학적 논변 □ 197

색인

인명 □ 231

사항 □ 233

문헌 □ 240

해제

1. 저술의 배경과 연대

토마스 아퀴나스의 '논쟁적 저작들'polemical writings[1] 가운데 하나로 분류되는 『지성단일성』의 원제목은 『지성단일성에 관한 아베로에스주의자들 논박』*De unitate intellectus contra Averroistas*[2]이다. 원제목에 분명하게 드러나듯이, 논박의 대상은 아베로에스주의자들이다. 아베로에스주의자들이란 13~14세기 무렵 학문의 중심지인 파리 대학에 재직했던 '인문학부 교수들'masters of arts faculty 가운데 아랍 철학자 아베로에스Averroes(아랍명 이븐 루슈드Ibn Rushd, 1126~1198)의 입장을 좇아가던 이들을 일컫는 명칭이다. 주지하다시

---

[1] 『지성단일성』 외에도 『예배와 수도회 공격자 논박』(*Contra impugnantes Dei cultum et religionem*) 『영적 생활의 완전성』(*De perfectiones spiritualis vitae*) 『수도회 부정논리 논박』 (*Contra doctrinam retrahentium a religione, vel Contra retrahentes*) 그리고 『세계 영원성』 (*De aeternitate mundi*)을 들 수 있다. 『세계 영원성』에 대한 이재룡 신부의 우리말 번역은 페르낭 방 스텐베르겐 『토마스 아퀴나스와 급진적 아리스토텔레스주의』 이재룡 옮김 (성바오로 2000) 부록에 실려 있다.

[2] 다른 필사본이나 오래된 목록에 사용된 제목에도 아베로에스주의자들을 겨냥하고 있다는 표현이 등장한다. 예컨대, 『지성단일성에 관한 파리의 아베로에스주의자들 논박』(*De unitate intellectus contra Averroistas Parisienses*), 『아베로에스주의자들 논박』(*Liber contra Averroistas*) 등이 그것이다.

피, 코르도바Córdoba 태생 아베로에스는 꾸란Qur'an을 진리로 받아들였던 무슬림이었다. 하지만 아베로에스주의자들은 그를 철학의 스승으로 존경했음에도 불구하고 성경Bible을 진리로 받아들였던 그리스도인들이었다. 따라서 역사가들은 그들을 '라틴 아베로에스주의자들'Latin Averroists로 부르기도 한다.[3]

그렇다면 아베로에스주의자들이 비판의 대상으로 등장하게 된 배경은 무엇일까? 13세기에 들어서면서 서방 라틴 세계에 아랍어와 그리스어로 쓴 엄청난 양의 비非-그리스도교적인 문헌들이 유입되게 된다. 물론 그 가운데 상당수는 파리 대학 인문학부 교수들을 매료시킨 아리스토텔레스의 저술과 주해서들이었다. 새로 소개된 아리스토텔레스의 문헌들은 처음에는 그리 환영받지 못했다. 그것들이 그리스도교 세계에 미칠 수 있는 악영향을 우려한 대학 측은 일찍이 1210년과 1215년 아리스토텔레스의 형이상학과 자연학 관련 저술들에 대한 강의 금지령을 인문학부에 내렸다. 그럼에도 그 금지령은 그리 큰 효력을 발휘하지는 못했고, 이후 1240년 무렵에 이르러서는 거의 그 효력을 상실했다. 결국 1252년과 1255년 아리스토텔레스는 파리 대학 인문학부의 커리큘럼에 올라가게 되고, 인문학부는 아리스토텔레스 철학을 주해하고 가르치는 철학부의 성격을 띠게 된다. 이런 일련의 과정에서 인문학부 교수들의 철학적 이론과 강의 내용이 그리스도교 전통과 어긋나게 되는 경우가 생기게 된다. 특히, 그들은 아베로에스의 관점을 그리스도교 맥락에 동화시킴으로써 서방 라틴 세계를 소용

---

[3] 르낭(E. Renan)과 망도네(P. Mandonnet)가 '라틴 아베로에스주의'라는 명칭을 사용했다. 반면, 방 스텐베르겐(F. Van Steenberghen)은 오히려 '급진적(radical) 혹은 이단적(heterodox) 아리스토텔레스주의'라는 대안적 명칭이 시제 브라방과 보에티우스 다치아에 대한 좀 더 역사적으로 정확한 호칭이라고 주장한다. 그들이 근본적으로 아베로에스보다는 아리스토텔레스에 더 충실했다고 보기 때문이다. Fernand Van Steenberghen, *Maître Siger de Brabant* (Louvain - Paris: Publications universitaires-Vander-Oyez 1977) 394-5 참조.

돌이로 몰아간다.[4] 왜냐하면 자신들의 철학적 입장을 지탱하고 있는 아리스토텔레스에 대한 아베로에스의 해석이 상당 부분 그리스도교 교리와 충돌을 일으키게 되었기 때문이다. 이로 인해 아베로에스주의자들은 토마스를 비롯한 여러 신학자에게 공개적으로 비판받게 되며, 1270년과 1277년 두 번에 걸친 단죄의 대상이 된다.[5] 바로 이 저술의 주제 역시 그리스도교 교리와 상충된다고 비판받았던 철학적 이론들 가운데 하나인 지성단일성론monopsychism[6]이다. 이 주제는 아리스토텔레스가 『영혼론』De anima에서 '지성'nous에 대해 취한 입장의 모호성에 그 뿌리를 두고 있다. 아리스토텔레스는 인간 영혼의 모든 능력 가운데 지성만이 신체와 분리되어 존재할 수 있는 가능성을 암시하고 있을지라도, 이러한 입장에 대해 상세히 설명하지 않고 있을 뿐 아니라, 지성과 개별자 인간과의 관계가 어떤 것인지에 대해서도 미해결 과제로 남겨 두었다. 중세인들에게 아리스토텔레스의 '주석가'commentator로 공인되었던 아베로에스는 문제의 '지성'을 개별적 인간 영혼에서 분리·독립되어 존재하는, 모든 인간에게 공통된 단 하나뿐인 실체라고 해석하였다. 그러나 이 입장은 개별적 지성을 인간에게서 배제시키기 때문에, 개별적 불멸성과 사후死後 세계에서의 형벌에 대한 그리스도교 믿음의 기반을 흔드는, 용납될 수 없는 것이었다. 그럼에도 아베로에

---

[4] 이 문제에 대해서는 박승찬 「아리스토텔레스 철학의 수용과 스콜라 철학의 발전」 『가톨릭 철학』 3 (2001) 121-39 참조.

[5] 두 단죄에 대한 간략한 소개는 John Wippel, "The Condemnations of 1270 and 1277 at Paris", *The Journal of Medieval and Renaissance Studies* 7 (1977) 169-201 참조.

[6] 지성단일성론 외에도 당시 신학자들이 그리스도교 믿음과 모순된다고 평가한 철학적 이론들은 다음과 같다: (1) 세계가 영원하다는 주장, (2) 특수자들에 대한 신의 섭리의 부정과 천체 세계에서 신의 행위가 항상 제이 원인들에 의해 매개된다는 주장, (3) 신의 행위가 필연적이라는 주장, (4) 성경에 계시된 진리와 철학에서 필연적인 원리들에서 논리적으로 연역된 진리, 즉 상호 모순적인 두 진리가 양립 가능할 수 있다는 이중진리론(theory of double truth), (5) 현세에서 얻을 수 있는 인간 행복에 대한 순수 합리주의적 개념에 대한 옹호.

스주의자들은 이런 해석을 수용하여, 『영혼론』에 대한 올바른 해석으로 인정한다.

13~14세기 파리 대학에 엄청난 파장을 불러일으켰다는 아베로에스주의자들에 대한 평가에 걸맞지 않게도 실상 우리에게 알려진 인물은 그리 많지 않은 실정이다.[7] 자주 회자되는 아베로에스주의자들을 꼽으라면, 기껏해야 시제 브라방Siger of Brabant과 보에티우스 다치아Boethius of Dacia[8] 정도다.[9] 『지성단일성』은 '아베로에스주의자들'이라는 불특정 다수를 염두에 두고 있는 것처럼 보일지라도 특히 '지성단일성론'의 대변자로 악명이 높은 시제를 비판의 표적으로 삼고 기록된 저술이라는 것이 현대 주석가들 사이에 공통된 해석이다.

『지성단일성』은 1270년 파리에서 집필되었다는 것이 역사가들 간에 일치된 의견이다. 1270년은 파리의 에티엔느 텅피에Étienne Tempier 주교가 열세 가지 명제들을 단죄하고, 그것들을 가르치거나 주장한 사람들을 파문한 해이기도 하다. 1270년 12월 10일에 단행된 단죄에 대한 언급이 없는 것으로 미루어 보아 적어도 그 단죄 이전에 쓴 것으로 추정할 수 있다.

『지성단일성』이 논쟁적 저작들 가운데 하나라는 점을 알려 주는 전거는 이 저술에서 풍기는 토마스의 문체에서 찾을 수 있다. 우리는 『신학대전』 *Summa theologiae*을 비롯한 다른 저술들에서 자신의 견해를 놀라울 정도로

---

[7] 그렇다고 해서, 당대 아베로에스주의자들의 숫자가 얼마 되지 않았다는 뜻은 아니다. 그들은 당대 비판의 표적이었기 때문에 공개적으로 활동하거나 이름을 밝히기가 힘들었을 것으로 추측된다. 예컨대, 신원이 불분명한 '무명씨'(無名氏)들의 저술들 가운데 상당수가 아베로에스주의 문헌으로 분류될 만하다.

[8] 보에티우스 스웨덴(Boethius of Sweden)이라고 부르기도 하는 이 인물이 정작 태어난 곳은 덴마크로 알려져 있다. 그는 1270년에서 1280년까지 파리 대학 인문학부 교수를 역임했으며, 1277년 단죄된 명제들과 연루된 중심인물이라는 점 외에 정확하게 알려진 것이 없다.

[9] 또한 베르니에르 네비예(Bernier de Nevilles)와 14세기에 활동한 아베로에스주의자로는 요한 잔둔(John of Jandun)을 들 수 있다.

차분하게 풀어쓰고 있을 뿐 아니라, 자신의 입장과 반대되는 견해들에 대해서도 그리 동요되거나 흥분하지 않은 채 다루고 있는 토마스의 모습을 볼 수 있다. 이와는 대조적으로, 『지성단일성』에서는 자신의 논적들이나 그들의 입장들에 대해 평상심을 잃거나 극도로 분개하는 치열한 논쟁가로서의 모습을 종종 발견하게 된다. 예컨대, 그는 논적인 아베로에스를 아리스토텔레스 사상을 타락시킨 자depravator, 왜곡한 자perversor로 평가하고 있으며,[10] 다른 논적들의 지적 능력까지 의심하면서, "이 입장을 옹호하고자 하는 사람들은 스스로 아무것도 모르며 다른 이들의 논쟁 상대로 적합하지 않다"라고 상당히 거칠게 몰아붙이기까지 한다.[11] 1260년대 말, 로마에서 다시 파리로 돌아오게 된 토마스는 당시 파리 대학가에서 급속도로 유포되고 있던 인문학부 교수들의 강의 노트, 즉 보고록reportationes을 입수할 수 있었다. 이 저술의 첫머리에서 밝히고 있듯이, 토마스는 이 저술을 집필하기 이전에 여러 차례 지성단일성론이 지닌 문제점들을 지적한 바 있었다.[12] 그럼에도 불구하고, 그는 당시 그리스도교 세계에 큰 파문을 일으킨 이 입장이 좀처럼 수그러들 기미가 보이지 않고 점점 더 성행하게 됨을 통탄하면서, 그것을 완전히 뿌리 뽑기 위해 한 번 더 집중적으로 다루는 이 저술을 집필하게 된다.

---

[10] *DUI* 2장 (59번); 5장 (121번).

[11] *DUI* 3장 (79번).

[12] Cf. *In Sent* Bk.2, d.17, q.2, a.1; *ST* 1.76.1-2, *SCG* 2.59-70, *QDA* qq.2-3, *QDSC* a.2와 a.9 참조. 또한, 토마스가 『지성단일성』을 집필하기 훨씬 이전에도 지성단일성론의 문제점을 지적한 문헌들이 적지 않았다. 1250년에 알베르투스 마뉴스(Albert Magnus), 그리고 1252년에 로버트 킬워드비(Robert Kilwardby)가 아베로에스가 주창한 지성단일성론의 위험성을 지적한 바 있다. 더욱이, 보나벤투라(Bonaventure)는 『명제집』 2권에서 "모든 인간에게 단 하나의 지성적 영혼이 있으며, 능동지성뿐 아니라 가능지성 역시 하나다"(*In Sent*, Bk.2, d.18, a.2, q.1, *Opera Omnia* II, 446-7)라고 아베로에스주의의 입장을 명확하게 드러냈다.

2. 아베로에스와 아베로에스주의자들

2.1 아베로에스

지성단일성론 논쟁은 아리스토텔레스의 『영혼론』에 대한 해석을 둘러싸고 토마스와 아베로에스주의자들 사이에 일어난 것이다. 그것은 고대 이후 논쟁의 주제가 되어 왔으며, 여러 상이한 해석들을 유발시킨 아리스토텔레스 입장의 모호성에서 유래한다.

아리스토텔레스는 영혼 psychē에 관한 연구 범위를 인간에게만 한정하는 것에 반대하면서, 식물을 포함한 모든 생명체도 영혼을 소유한다고 주장한다.[13] 따라서 인간은 물론, 동식물까지도 '살아 있다'는 이유로 '영혼'을 가진다. 영혼과 신체 간의 관계에 대한 그의 일반적인 설명에 천착해 볼 때, 영혼은 물론 그 영혼의 어떠한 부분도 신체에서 분리될 수 없는 것 같다. 그는 『영혼론』 2권 1장에서 영혼을, 생명을 가능태 dynamis로 지니는 신체의 '형상' eidos 혹은 '현실태' entelecheia로 정의하며, 이 정의는 모든 종류의 영혼에 보편적으로 적용된다고 말한다.[14] 아리스토텔레스의 질료형상론 hylemorphism의 관점에서, 신체와 영혼의 관계는 질료 hylē와 형상의 관계다. 따라서 형상이 질료에서 분리되어 존재할 수 없는 것처럼 영혼은 신체에서 분리되어 존재할 수 없으며, 형상과 질료가 하나로 되는 것처럼 영혼과 신체는 하나다.[15] 이 보편적인 정의에 기초한 영혼과 신체의 관계에 대한 그의 논의는 영혼 혹은 그 영혼의 부분들이 신체에서 분리될 수 없다는 주장으로 나아간다.[16]

---

[13] DA 1.1, 402b3-9.

[14] DA 2.1, 412a20-21; 412a27-28; 412b5-6.

[15] DA 2.1, 412b6-9.   [16] DA 2.1, 413a3-5.

이런 주장의 맥락에서 지성이 '영혼으로 하여금 인식하고 사고 작용을 하도록 하는 영혼의 일부분'이라고 묘사되는 한,[17] 우리는 아리스토텔레스가 지성을 질료와 결합되고, 또 신체에서 분리될 수 없는 것으로 설명할 것이라고 추론할 수 있다. 그러나 그는 『영혼론』 3권을 비롯한 여러 곳에서 지성에 대해 논의할 때 그러한 추론을 끌어내는 것을 주저하고 있는 것 같다. 왜냐하면 지성에 대한 그의 설명은 신체와 무관하게 지성적 작용을 하는 특수한 존재를 요청하고 있는 것처럼 보이기 때문이다. 『영혼론』 3권 4장에 나타난 논의에 따르면, 여타의 감각적 능력들과 달리 지성은 모든 것에 대하여 사고할 수 있기 때문에, 그것은 신체와 섞일 수 없고 작용을 위해 어떠한 신체 기관身體器官도 필요로 하지 않는다. 왜냐하면 그러한 물질성은 사고할 수 있는 능력을 방해하거나 왜곡시킬 수 있기 때문이다. 그렇다면 지성은 자신의 고유한 작용을 수행하기 위해 신체에서 분리되어야 할 것이다.[18] 이처럼 3권 4장에서 분석된 이러한 특성들은 사고 과정에서 수동적이고 수용적인 요소인 '수동지성'에 속하는 것이다.[19] 아리스토텔레스는 『영혼론』 3권 5장에서 '모든 것으로 되는' 수동지성이 아니리 '모든 것을 산출하는' 능동지성에 대해 간략하게 논의한다. 그것 역시 신체에서 분리되며, 질료와 섞이지 않는 것으로 묘사된다.[20]

그러나 정작 문제가 되는 것은 지성에 대한 아리스토텔레스의 설명이 『영혼론』 2권에서 주어지고 있는 '신체의 형상 혹은 현실태'라는 영혼의 정

---

[17] DA 3.4, 429a10-11.   [18] DA 3.4, 429a14-29; 429b4-5.

[19] '수동지성'이나 '능동지성'이라는 용어는 아리스토텔레스가 직접 사용한 명칭이 아니다. 후대 사상가들이 지성에 대한 아리스토텔레스의 구분에 의거하여 붙인 이름들이다. 한편, 아베로에스는 '수동지성' 대신에 '질료지성'(intellectus materialis)을, 토마스는 '가능지성'(intellectus possibilis)이라는 용어를 사용한다.

[20] DA 3.5, 430a20-25 참조.

의와 부합되지 않는 것처럼 보이는 데 있다. 영혼의 정의가 신체 기관을 사용하는 영혼의 부분들이나 능력들에만 적용된다면, 지성은 그 정의의 범위를 벗어나며 영혼의 구성 요소일 수 없게 될 것이다. 만일 지성이 어떠한 신체 기관도 지니거나 사용하지 않으며 신체에서 분리될 수 있다면, 그 지성은 '신체의 형상'으로 정의될 수 있는가? 토마스와 아베로에스주의자들 사이의 논쟁을 일어나게 한 궁극적인 물음은 "아리스토텔레스가 내린 영혼에 대한 정의와 지성의 비물질적 특성이 양립 가능할 수 있는가"라는 것이다.

실상, 이런 해석상의 난점을 내포하고 있는 아리스토텔레스의 입장은 3세기경 알렉산더 아프로디시아스Alexander of Aphrodisias[21]와 4세기경 테미스티우스Themistius[22]와 같은 고대 그리스 주석자들에게 초미의 관심거리였다. 또한 아베로에스를 비롯한 거의 모든 아랍 사상가들이 그리스 주석자들을 좇아 이 문제를 해명하려고 시도했다고 해도 지나친 말이 아닐 것이다. 그렇다면 그 어떤 아랍 사상가보다 아베로에스가 단연 토마스 비판의 표적으로 등장하는 이유는 무엇일까? 그 이유는 아베로에스가 능동지성뿐 아니라 수동지성까지도 모든 인간에게 하나뿐임을 주장하고 있다는 데서

---

[21] 그리스 소요학파 철학자. 아리스토텔레스 주석가. 작품으로는 『형이상학』을 비롯한 아리스토텔레스의 여러 저작에 대한 주해서 외에도 스토아주의의 결정론을 반박하는 『운명론』(De fato)과 인간 지성의 본성에 대해 기술한 『영혼론』이 있다. 특히, 『영혼론』은 지성이 물질적이며 신체에서 분리될 수 없다는 주장을 통해 영혼 불멸성에 대한 강한 부정을 드러낸다. 이런 주장은 르네상스 철학자 폼포나치(Pietro Pomponazzi, 1462~1524)에게 지대한 영향을 끼쳤다.

[22] 그의 작품 가운데 가장 중요하다고 평가받는 것은 『영혼론』을 알기 쉽게 풀어 설명한 『영혼론 주해』(In libros Aristotelis de anima paraphrasis)다. 아리스토텔레스의 지성론에 대한 테미스티우스의 해석은 아베로에스의 주해서와 모에르베케의 번역을 통해 13세기 스콜라 철학자들에게 전승되었다. 특히 이것은 토마스 아퀴나스와 라틴 아베로에스주의자들에게 상당한 영향을 미쳤다.

찾을 수 있다. 사실, 『영혼론』에서 등장하는 문제의 지성은 능동지성과 수동지성 모두를 포함하는 지성 일반을 의미한다. 따라서 이 문제 상황은 능동지성과 수동지성 둘 다의 위상을 해명하는 것이었을지라도, 특히 지성 단일성론 논쟁은 수동지성에 국한된다. 상당수의 그리스 주석가들과 아랍권의 아리스토텔레스주의자들은 능동지성을 개별적 인간 영혼에서 분리되어 존재하는, 모든 인간에 단 하나뿐이라고 주장한다. 또한 능동지성을 신과 동일시하는 그리스도교 사상들도 적지 않았다. 토마스는 모든 인간에게 수동지성이 단 하나뿐이라는 입장을 강력하게 부정했을지라도, 능동지성의 단일성에 대해서는 단지 오류를 지닐 뿐 그리스도교 신앙에 그리 해가 되지 않는 것으로 생각했다.

이런 문제 상황에서 토마스의 맹렬한 비판의 대상이 되는 아베로에스의 해석은 어떤 것인가?[23] 아베로에스는 문제의 지성을 감각들과 달리 인간 영혼의 일부분이 아니며, 아리스토텔레스가 내린 영혼의 정의에 속할 수 없다는 해석을 개진한다. 왜냐하면 영혼의 모든 능력은 신체를 반드시 필요로 하는 작용을 수행하는 데 반해, 지성의 작용은 신체를 필요로 하지 않는 비물질적인 작용이기 때문이다. 영혼이 신체의 '완성'perfectio[24]▶ 혹은 '현실태'라는 주장은, 영혼이 신체 안에 존재하며 그 신체에서 분리되어 존재할 수 없음을 의미한다.[25]▶ 예컨대, A가 B를 완성한다면 A나 A의 부분들 혹은 능력들은 B에서 분리될 수 없다. 따라서 신체의 완성인 영혼에

---

[23] *LCDA* Bk.3, comm. 1-16, 379.1-436.40. 아베로에스의 지성론에 대한 개요를 알기 쉽게 설명한 문헌으로는 Arthur Hyman, "Aristotle's Theory of the Intellect and Its Interpretation by Averroes", in D.J. O'Meara, ed., *Studies in Aristotle* (Washington, D.C.; Catholic University of America Press, 1981) 161-91을 볼 것. 아베로에스의 지성론을 그의 사상적 변천 과정을 따라 상세히 설명하는 문헌으로는 Herbert A. Davidson, *Alfarabi, Avicenna, and Averroes on the Intellect: Their Cosmologies, Theories of the Active Intellect, and Theories of Human Intellect* (Oxford: Oxford University Press 1992) 258-314 참조.

속하는 모든 능력은 신체 기관을 사용하지 않은 채 작용을 수행할 수 없으며, 또한 신체에서 분리될 수 없다는 것은 당연하다. 그러나 지성은 자신의 작용 과정에서 신체 기관을 사용하지 않으며, 분리될 수 있다. 그렇다면 지성은 영혼도 아니며,[26] 영혼의 일부분도 아니다.[27] 지성이 인간 영혼에 속하는 능력이라는 사실을 부정하는 아베로에스는 신체의 형상으로서의 영혼의 정의가 지성에 적용될 수 없다는 주장에 이르게 된다.

아베로에스는 이러한 해석을 뒷받침하기 위하여 아리스토텔레스가 제시한 지성에 대한 두 가지 특성 — 수동성과 비물질성 — 을 분석한다. 수동성이란 일종의 변화를 겪는 수동적 능력인 지성의 특성을, 비물질성은 신체나 신체에 있는 능력이 아니기 때문에 어떠한 물리적 변화도 겪지 않는 특성을 기술하는 것이다.

첫째, 아베로에스는 수동지성의 특성을 능동지성과 대비하여 설명한다. 추상 작용을 수행하는 능동지성과 달리, 수동지성은 그 자신의 인식 대상

---

[24] 흥미로운 점은 아베로에스가 아리스토텔레스의 영혼에 대한 정의를 표현하는 곳에서 형상(forma)이나 현실태(entelecheia)보다 '완성'(perfectio)이라는 용어를 즐겨 사용한다는 점이다. *LCDA* 2.5, 134.9-135.17: "… anima est substantia secundum formam … quia substantia quae est secundum formam est perfectio corporis habentis formam … necesse est ut anima sit perfectio talis corporis, id est perfectio corporis naturalis habentis vitam in potentia, secundum quod perficitur per animam." 아베로에스가 사용하는 '완성'이라는 용어는 선대 이슬람 철학자 아비첸나에게서 유래된 것이다. 영혼을 신체와 분리되어 존재하는 비물질적인 실체로 설명하는 신플라톤주의자 아비첸나는 아리스토텔레스의 영혼에 대한 정의를 그대로 수용할 수 없게 된다. 이런 이유로 인해 아비첸나는 '형상' 대신에 '완성'이나 '움직이게 하는 자'(motor)라는 용어로 영혼을 정의한다. 비록 아베로에스가 아비첸나의 개념을 원용(援用)하고 있을지라도, '완성'이라는 용어는 신플라톤주의 개념이 아니라 아리스토텔레스의 '현실태' 개념과 동일한 의미로 사용하고 있음에 주목해야 한다. 참조: *LCDA* 2.5, 137.11-14: "… ista perfectio praecedit in esse secundum perfectionem, et propter hoc debet adiungi in definitione quod anima est prima perfectio corporis naturalis habentis vitam in potentia." 게다가, 아베로에스는 '완성'과 함께 '현실태'라는 용어 역시 영혼을 기술할 때 사용한다. *LCDA* 2.26, 166.9-12; 2.25, 165.4 참조.

[25] *LCDA* 2.11, 147.18-21.   [26] *LCDA* 2.21, 160.6-9.   [27] *LCDA* 2.32, 178.33-35.

을 만드는 것이 아니라 감각상에서, 그리고 궁극적으로는 외적 사물에서 자신의 인식 대상을 받아들이는 속성이 있기 때문에 수동성을 지닌다고 분석한다. 둘째, 아베로에스에 따르면, 모든 물질적 사물의 형상이 지성에 영향을 줄지라도, 그 지성은 그 영향 이전에 물질적 형상들과 섞일 수 없다. 왜냐하면 그러한 물질적 조건들과의 결합은 지성의 수용 능력과 사고 작용을 방해하거나 왜곡시킬 것이기 때문이다.

아베로에스는 물질적 형상과의 혼합 가능성을 지성에서 제거함으로써 지성이 신체 안에 있는 능력 또는 신체일 수 있는 가능성을 배제해 버린다. 만일 영혼 밖에 존재하는 모든 외적 세계가 인식 대상이라면, 지성은 자신의 능력을 손상시키지 않기 위해서는 모든 물질적 형상에서 자유로워야 할 것이다. 따라서 아베로에스의 논변은 지성이 어떠한 물질적 형상과도 섞이지 않아야 하기 때문에 신체나 신체의 능력이 될 수 없다는 결론에 이르게 된다.[28] 지성이 신체나 신체 안에 있는 능력이 아니라면, 그것은 비물질적인 실제를 의미하게 된다. 그러므로 아베로에스는 지성이 모든 인간에게 단일한 것이라고 주장한다. 왜냐하면 지성이 개체화의 원리인 질료와 무관하다면, 개체화될 수 없는 지성은 모든 인간에게 단지 하나뿐이기 때문이다. 그렇다면 개별적 인간 각자가 자신의 고유한 지성을 소유하는 것이 아니라 모든 인간이 단일한 수동지성을 공유하는 것이다.

하지만 아베로에스는 분리된 지성의 작용이 어떤 방식으로든 개별자 인간들의 사고 작용이 됨을 설명할 필요성을 인정한다. 왜냐하면 인간이 동물과 달리 사고 과정에 참여하고 있다는 사실은 부정될 수 없기 때문이다. 이 문제에 대한 아베로에스의 해결책은 '이중주체duo subiecta론'에 근거하

---

[28] *LCDA* 3.4, 385.62-386.105.

고 있다. 수동지성이 모든 인간에게 하나뿐일지라도 지성 대상을 만드는 두 가지 주체 가운데 하나만이라도 개별자 인간과 결합한다면 사고 작용의 개체성이 설명될 수 있다는 것이 그 이론의 요지다. 두 가지 주체란 '존재의 주체'subiectum per quod est forma existens; subiectum per quod intellecta sunt unum entium in mundo와 '진리의 주체'subiectum per quod est vera를 말한다.[29] 존재의 주체는 인식 과정의 단계마다 변화를 경험하며, 그 변화 안에서 인식된 형상을 이전보다 좀 더 추상된 형태로 있게 하는 수용적 인식 능력이다. 한편, 인식 대상이 실재 세계를 옳게, 혹은 그르게 반영하고 있는지를 평가할 잣대인 진리의 주체는 인식 대상이 지칭하는 것이라는 점에서 인식 과정의 내용성을 부여한다. 지성의 사고 작용 과정에서 존재의 주체는 수동지성이고, 진리의 주체는 외적 세계와 사고 작용을 연결시키는 감각에 수용된 심상心象이다.[30] 물론 이미 지적한 것처럼, 지성의 두 주체 가운데 하나인 수동지성은 개체화될 수 없다. 하지만 나머지 하나의 주체인 심상은 감각 안에 수용된 인식 대상의 속성이므로 개체화될 수 있다. 그러므로 개별자 인간이 자신의 고유한 지성을 지니고 있지 않더라도, 사고 작용은 심상과 수동지성의 결합을 통해 개별자 인간에게 속할 수 있다.[31]

아베로에스에 따르면, 지성은 신체에서 분리될 뿐 아니라 영혼의 일부분도 아니다. 사정이 이러하다면, 지성이 영혼과 신체로 구성된 개별자 인

---

[29] LCDA 3.5, 400.384, 387, 388-89.

[30] 감각 작용에도 두 가지 주체가 있다. 진리의 주체는 영혼 밖에 존재하는 감각 대상이며, 존재의 주체는 감각기관 안에 존재하는 형상이다.

[31] 작용상의 결합에 대해서는 LCDA 3.5, 399.370-401.423; 404.501-405.527 참조. 이중주체론에 대한 상론은 Herbert Davidson, *Alfarabi, Avicenna, and Averroes on Intellect: Their Cosmologies, Theories of the Active Intellect, and Theories of Human Intellect*, 289-92; B. Bazán, "*Intellectum Speculativum*: Averroes, Thomas Aquinas and Siger of Brabant on the Intelligible Object", *Journal of the History of Philosophy* 19 (1981) 425-31 참조.

간 안에 내재할 가능성은 없게 된다. 따라서 그는 지성을 분리되어 존재하는 모든 인간에게 하나뿐인 실체라고 주장할 수밖에 없다. 비록 아베로에스가 지성을 개별적 인간에서 분리되어 존재하는 실체라고 주장할지라도, 인간이 동물과 달리 사고 작용을 한다는 점을 부정할 의도는 없었다.[32] 다만 그는 사고 작용이 어떤 식으로든 인간 안에 속할지라도 지성이 인간 영혼의 일부분이라는 점을 인정할 수 없었다. 왜냐하면 인간 영혼이 신체와 불가분의 관계인 한, 신체 기관을 사용하지 않는 지성이 영혼 안에 내재할 근거를 찾을 수 없었기 때문이다. 결국 영혼의 정의가 인간 영혼의 일부분이 아닌 지성에 적용될 수 없다고 주장하는 아베로에스는, 영혼이 보편적인 정의를 가질 수 있다는 점에 회의를 표하면서 이렇게 말한다.

> 완성은 이성적 영혼과 영혼의 나머지 능력에서 순전히 다의적多義
> 的으로 사용된다. 따라서 혹자는 의심을 품은 채 영혼이 보편적인
> 정의를 지니지 않는다고 말할 수 있다.[33]

그렇다면 왜 아베로에스는 다의성을 말하는가? 영혼의 정의가 보편적으로 모든 종류의 영혼에 적용될 수 없다면, 기껏해야 그 정의는 각기 다른 영혼에 다양한 방식으로 적용될 수밖에 없기 때문이다. 즉, 지성을 포함하지 않는 감각적 영혼에 불과한 인간 영혼은 신체와 존재론적으로 그리고 작

---

[32] *LCDA* 3.36. 500.611-616: "Et cum ita sit, necesse est ut homo intelligat per intellectum sibi proprium omnia entia, et ut agat actionem sibi propriam in omnibus entibus, sicut intelligit per intellectum qui est in habitu, quando fuerit continuatus cum formis imaginabilibus, omnia entia intellectione propria."

[33] *LCDA* 2.7, 138.18-19: "Perfectio enim in anima rationali et in aliis virtutibus animae fere dicitur pura aequivocatione […] Et ideo potest aliquis dubitare, et dicere quod anima non habet definitionem universalem." 또한 2.21, 160.6-27 참조.

용상에서도 불가분의 관계인 반면, 지성을 포함하는 분리된 실체로서의 이성적 영혼은 신체와 존재론적 관계를 맺지 않은 채 다만 작용상의 결합만 할 뿐이다.

2.2 시제 브라방

1260~1270년대 파리 대학 인문학부 교수였던 시제 브라방[34]은 아리스토텔레스의 저술들을 읽고 가르치면서 아베로에스를 주석가로서 존경하던 대표적인 아베로에스주의자였다. 그는 아베로에스의 지성단일성론을 받아들여, 그것을 아리스토텔레스의 『영혼론』에 대한 올바른 해석으로 인정한다.[35] 시제가 아베로에스주의의 대변자로 여겨지며, 토마스의 비판의 표적이 되는 근본적인 이유는 자신의 초기 저작인 『영혼론 3권에 대한 문제』 *Quaestiones in tertium de anima*에서 지성의 분리 가능성과 단일성을 옹호하는 데서 찾을 수 있다.[36] 시제는 지성이 인간 영혼 그리고 심지어 개별자 인간

---

[34] 1240년경에 태어난 시제 브라방은 파리 대학 인문학부에서 철학을 수학(修學)하고 1263~1265년경에 그 대학 교수가 되었으며, 그의 여러 이론적 입장들은 1270년과 1277년의 두 단죄의 대상이 되었다. 1276년 11월 그는 다른 두 동료 교수와 함께 이듬해 1월에 열릴 파리의 종교재판에 회부되었다. 그는 나머지 두 사람과 함께 프랑스를 탈출하여 이탈리아에서 여생을 보냈으며, 1284년 11월 그의 비서에게 살해된 것으로 추정된다.

[35] 시제의 지성단일성론에 대해서는 F. Van Steenberghen, *Maître Siger de Brabant*, 338-89; Z. Kuksewicz, *De Siger de Brabant à Jacques de Plaisance. La théorie de l'intellect chez les averroïstes latin XIIIe et XIVe siècle* (Wroclaw-Varsovie-Crocovie: Ossolineum, Éditions de l'Académie polonaise des Sciences 1968) 19-95 참조. 특히 토마스와 시제의 관계에 대해서는 B.C. Bazán, "Le dialogue entre Siger de Brabant et Thomas d'Aquin", *Revue philosophique de Louvain* 72 (1974) 53-97; Edward Mahoney, "Saint Thomas and Siger of Brabant Revisited", *Review of Metaphysics* 27 (1974) 531-53; "Sense, Intellect and Imagination in Albert, Thomas, and Siger", in N. Kretzmann et al. eds., *The Cambridge History of Later Medieval Philosophy* (Cambridge: Cambridge University Press 1982) 611-22; 방 스텐베르겐 『토마스 아퀴나스와 급진적 아리스토텔레스주의』 41-88; 이재경 「아리스토텔레스의 "영혼론"과 13세기 지성단일성론 논쟁」 『가톨릭 철학』 3 (2001) 158-87 참조.

에서 분리되어 존재하는 실체라는 주장을 어떤 논의 과정에서 정당화하는가? 그는 아리스토텔레스 철학 체계 내에서 지성의 비물질성을 논증한 아베로에스 해석에 의존함으로써 지성의 분리 가능성을 추론한다.

아리스토텔레스의 『영혼론』에는 지성을 인간 신체와 전적으로 독립되어 사고 작용을 하는 인간 영혼의 일부분 혹은 능력으로서 묘사하는 대목이 나온다. 그 대목에 따르면, 지성 작용은 물질적 조건을 초월하며, 그 작용을 수행하는 지성은 질료와 섞일 수 없고 분리될 수 있다는 것이다.[37] 시제는 이 맥락에서 지성을 감각들과는 달리 신체 기관을 가지지 않는 것으로 해석한다. 그의 해석에 따르면, 자신들의 작용 과정에서 신체 기관을 사용하는 모든 감각은 각각 한 가지 유형의 성질 — 색깔, 소리, 냄새 등 — 만 지각할 수 있다는 것이다. 반면, 지성은 그러한 제한성에 종속되지 않고 모든 물질적인 것에 대해 사유할 수 있기 때문에, 그러한 포괄적인 사고 작용을 방해하거나 왜곡시킬 수 있는 어떠한 성질이나 여타의 물질적인 것들과 섞일 수 없을 뿐 아니라, 제한된 대상만을 인식하게 하는 신체 기관을 가지지 않는다는 것이다. 따라서 시제는 지성을 자신의 행위 과정에서 신체 기관을 사용하지 않을 뿐 아니라, 물질적 특성 또한 가질 수 없는 것으로 결론 내린다.[38]

---

[36] 이 저작은 토마스의 『지성단일성』보다 조금 이른 1269~1270년에 쓴 것으로 추정된다. B.C. Bazán, *Quaestiones in tertium de anima, De anima intellectiva, De aeternitate mundi* (Louvain - Paris: Publications universitaires-Béatrice-Nauwelaerts, 1974) 70*-74* 참조. 최근 고티에(R.-A. Gauthier)는 이 저작의 집필 연도를 1265년경으로 추정한다. 참조: René-Antoine Gauthier, "Notes sur Siger de Brabant, I. Siger en 1265", *Revue des sciences philosophiques et théologiques* 67 (1983) 201. 어떻든 이 저작은 1270년 단죄 이전의 것임이 분명하다.

[37] *DA* 3.4, 429a18-b22.

[38] *QIIIDA* 9, 26.28-30; 4, 12.70-13.77. 지성에 대한 아베로에스의 비물질성 논증은 LC 3.4, 385.62-386.105 참조.

지성의 비물질성에 대한 시제의 논증은 지성이 신체뿐 아니라 개별자 인간에서 분리되어 존재할 수 있다는 분리 가능성 논증과도 직결된다. 우선, 그는 지성이 자신의 행위 과정에서 신체 기관을 가지지 않는다는 점으로부터 지성이 신체에서 분리될 수 있음을 도출한다. 그렇다면 지성이 개별자 인간에서 분리된다는 주장은 어떻게 가능한가? 신체에서 분리될 수 있는 지성이 인간 영혼 안에 존재하지 않게 되어, 결국에 인간 안에 있게 될 가능성을 인정할 수 없기 때문이다. 다시 말해서, '영혼은 신체의 형상'이라는 원리를 받아들이는 충실한 아리스토텔레스주의자인 시제에 따르면, 인간 영혼과 그 영혼의 모든 능력이 신체에서 분리될 수 없다는 것은 자명하다. 그렇지만 비물질적인 지성은 신체에서 분리될 수 있다. 따라서 지성은 인간 영혼의 일부분이 아니기 때문에, 개별자 인간 안에 존재할 가능성은 없다. 이 때문에 시제는 지성이 생장적 부분과 감각적 부분이 뿌리내리고 있는 인간 영혼의 일부분일 수 없다고 주장한다. 결과적으로 개별적 인간은 자신의 고유한 지성뿐 아니라 그 지성을 포함하는 지성적 영혼까지도 소유하지 않게 된다. 그렇게 되면, 인간 영혼은 지성적 영혼이 아니라 물질적 형상인 감각적 영혼으로 전락하게 된다.[39]

이러한 시제의 해석에는, 동물과 달리 사고 작용을 수행할 수 있는 인간은 지성을 소유하는 것이 지당하다고 본 토마스를 비판하고자 하는 의도가 숨어 있다. 토마스에 의하면, 인간 영혼은 지성적 영혼과 동일하며,[40] 그 지성적 영혼은 인간을 바로 인간이게 하는 원리인 실체적 형상forma substantialis이 된다. 그러나 시제는 지성의 비물질성과 분리성 때문에 그 지성이 정초하고 있는 지성적인 영혼이 신체의 실체적 형상일 수 없다고 주장

---

[39] *QIIIDA* 1, 2.26-32.

한다. 그런 주장은 지성적 영혼과 신체 간의 실체적 결합을 주장하는 이들이 지성의 비물질성에 대한 아리스토텔레스의 입장과 모순될 것이라고 비판하는 곳에서 밝히 드러난다.[41] 여기서 시제는 토마스를 직접적으로 언급하지 않지만, 그를 비판의 대상으로 염두에 두고 있음은 분명하다. 토마스에 의하면, 지성을 능력potentia으로 가지는 "지성적 영혼은 인간 신체의 실체적 형상이다"(anima intellectiva est forma substantialis corporis). 토마스의 이러한 주장은 영혼과 그 능력들 간의 구분론에 입각하고 있다.[42] 그는 지성적 영혼이 그 본성상 신체의 실체적 형상으로 신체와 실체적으로 결합하는 반면, 그 영혼의 능력들 가운데 하나인 지성은 자신의 작용을 신체 기관의 도움 없이 수행할 수 있다는 점을 주장한다.[43] 이에 맞서 시제는 그의 전 생애에 걸쳐 일관적으로 비판을 제기한다.[44] ▶

---

[40] 토마스에 따르면, 인간 영혼은 동물들의 감각혼이나 식물들의 생장혼과는 달리 사고 작용을 수행할 수 있기 때문에 감각혼, 생장혼과 구분하기 위해서 그것을 지성적 영혼(anima intellectiva) 혹은 이성적 영혼(anima rationalis)이라 부를 수 있다는 것이다. 이 주장은 영혼의 능력들이 계층적으로 질서지어져 있으므로, 각각의 상위의 능력은 하위의 능력을 내포한다는 아리스토텔레스 이론(DA 2, 3)에 기초하고 있다. 각각의 생명체는 단 하나의 영혼을 지니지만, 그 영혼을 통해 모든 기능을 수행한다. 예컨대, 동물은 감각혼을 소유하지만 그 하나인 감각혼을 통해 영양 공급 활동과 재생산 활동이라는 하위의 기능 또한 수행한다. 마찬가지로, 인간들은 단 하나의 영혼인 지성적 영혼을 수행하지만, 그 영혼을 통해 사고 작용뿐 아니라 감각 작용, 영양 공급 활동을 포함한 모든 기능을 수행한다.

[41] QIIIDA 7, 22.16-18.

[42] 토마스는 여러 저작에서 영혼과 그것의 능력들 간의 동일성 여부에 관한 질문을 제기한다. 그 질문은 "인간의 생명 활동들이 영혼에서 직접적으로 파생되는 것인가 아니면 영혼과 구분되는 능력(potentia)들에서 파생되는 것인가" 하는 것이다. 바로 인간 영혼이 그 자체의 본질만을 통하여, 즉 그것과 분리되는 능력들을 통하지 않고 작용할 수 있는가 하는 것이다. 이 질문에 답하면서, 토마스는 인간이 행위하기 위해서는 그 행위의 직접적인 원리인 영혼의 능력을 소유해야 하며, 이 능력들은 영혼의 본질과는 구분된다고 주장하고 있다. 따라서 인간의 생명 활동들은 영혼에서 직접적으로 파생되지 않고, 영혼과 구분되는 능력들에서 파생된다고 주장한다. 참조: ST 1.54.3; 1.77.1; 1.79.1; QDA q.11.

[43] SCG 2.69.1464; ST 1.76.1 ad 1과 2.

작용이 도출되는 능력은 그것[능력]이 속한 실체보다 더 단순하지는 않다. 그러므로 지성이 그것이 속한 실체를 통해 신체를 완성한다면, 그것의 작용은 반드시 신체 안에서 일어나게 된다. 따라서 그것[지성]은 작용 과정에서 틀림없이 신체를 사용하게 된다. 왜냐하면 작용이 도출되는 능력은 그것[능력]이 속한 실체보다 더 단순하지는 않기 때문이다.[45]

여기서 시제의 비판은 "작용은 형상을 따른다"(operatio sequitur formam)는 원리에 의존하고 있다.[46] 즉, 모든 활동은 그것들을 파생시킨 실체적 형상에 따라 결정된다. 시제는 이 원리에 천착해 볼 때 토마스의 입장은 진퇴양난에 처해 있다고 믿는다. 만일 토마스는 지성적 영혼을 실체적 형상으로 신체와 결합되어 있는 것으로 주장할 경우, 지성을 포함한 모든 능력은 신체의 기관을 통해 작용하게 될 것이다. 한편, 토마스가 지성을 신체 기관의 도움 없이 작용을 수행하는 것으로 본다면, 지성적 영혼은 신체의 실체적 형상이 될 수 없고 신체에서 분리되어야 한다. 그러므로 시제는 지성적 영혼이, 신체의 실체적 형상인 동시에 신체의 기관을 사용하지 않고 고유한 작용을 수행하는 능력인 지성을 가질 수 있다는 토마스 주장을 받아들이지 않는다.

---

[44] 참조: B.C. Bazán, "Le dialogue entre Siger de Brabant et Thomas d'Aquin", 65. 바잔은 시제의 비판에 근거가 되는 원리(potentia animae non potest esse simplicior quam eius essentia)가 이미 토마스의 초기 저작(*In Sent* 2.17.2.1 obj. 2)에서 발견된다고 지적한다.

[45] *QIIIDA* 7, 23.18-23: "[P]otentia a qua egreditur operatio non est simplicior sua substantia; si igitur intellectus per suam substantiam perficiat corpus, eius operatio non potest esse nisi in corpore; quare in operando necessario utetur corpore, cum potentia, a qua egreditur operatio, non sit simplicior sua substantia …."

[46] 참조: F. Van Steenberghen, *Maître Siger de Brabant*, 359.

그렇다면 시제가 그 악명 높은 지성단일성을 주장하는 근거는 무엇인가? 지성이 모든 인간에게 단 하나뿐이라는 주장은 지성의 비물질성과 분리 가능성에서 따라 나온다. 지성의 개체화는 신체(질료)와의 의존성을 내포하게 마련이다. 따라서 시제는 지성이 인간 종에서 개체화 원리인 신체에서 존재론적으로 분리되어 있는 한에서 하나 이상이 될 수는 없다고 주장한다. 이것은 말하자면, 비물질적 형상이 같은 종 안에서 수적으로 다수가 될 수 있는 가능성을 부정하는 것이다. 그러므로 시제는 모든 인간에게 지성은 오직 하나라고 결론짓는다.[47]

그러나 지성단일성론을 옹호하는 시제는 다음과 같은 질문에 대답해야 한다: 개별자 인간들이 각자 자신의 고유한 지성을 지니지 않는다면, 사고 작용이 개인에 따라 다른 방식으로 실현된다는 점은 어떻게 설명될 수 있을까? 시제는 인간들이 동물들과 달리 사고 작용을 하는 이성적 존재들이라는 사실을 시인한다. 따라서 그는 단일한 지성이 어떤 식으로든 다수의 개별자 인산들과 결합될 수 있는 방식과, 사고 작용이 개별자 인간의 활동이 될 수 있는 방식에 대해 설명해야 한다. 물론 개별적인 인간에서 분리된 지성은 개별자 인간과 존재론적 — 혹은 실체적 — 으로 결합될 수 없다. 시제는 인간의 사고 작용이 심상에 의존하지 않고서는 불가능하다는 아리스토텔레스 원리[48]에 입각하여 그 대안으로 작용상의 결합을 제시한다.[49] 그 결합이란 지성이 신체 안에 사고 작용의 원리로서 그리고 신체를 움직이게 하는 것motor으로 기능한다는 것이다.[50] 즉, 지성이 지성 작용을

---

[47] *QIIIDA* 9, 25.7-26.8; 9, 26.29-30.

[48] *DA* 3.7, 432a16-7; 432b2; 3.8, 432a3-10.

[49] *QIIIDA* 7, 23.38-39; 8, 25.16-28; 9, 28.64-76.

[50] *QIIIDA* 8, 25.16-20.

수행하기 위해 개별자 인간 안에 있는 심상들을 필요로 하는 한, 지성 작용은 단일지성과 개별자 인간 안에 있는 심상들과의 작용상의 결합을 통하여 개별자에게 속한다는 것이다.[51]

3. 저술의 개요

아베로에스의 지성단일성론을 수용한 아베로에스주의자들 대부분은 파리 대학 인문학부 교수들이라고 알려져 있다. 반면, 『지성단일성』을 집필한 토마스는 파리 대학 신학부 교수였다. 1270년과 1277년의 단죄를 유발시킨 여러 논란거리들은 그리스도교 교리와 상충되는 아리스토텔레스에 대한 철학적 해석들로 인해 파생되었다. 이는 지성단일성론의 경우에도 마찬가지였다. 왜냐하면 당대 신학자들이 비판하듯이, 지성이 모든 인간에게 하나라는 입장은 개별적인 영혼의 불멸성에 대한 그리스도교 교리와 부합되지 않기 때문이다. 사정이 이러하다면, 토마스가 『지성단일성』에서 취하는 전략 역시 지성단일성론이 그리스도교 교리에 위배된다는 점을 부각시키려는 데 있는가? 그렇지 않다. 이 저술의 첫머리에서 밝히듯이, 그의 전략은 지성단일성론이 철학적으로뿐 아니라 아리스토텔레스에 대한 해석으로서도 설득력 없음을 보여 주는 데 있다.[52]

다섯 개의 장으로 이루어진 이 저작은 아베로에스주의 입장에 담긴 근본적인 오류를 두 가지로 구분하여 다루고 있다. 즉, 지성을 개별자에서 분리된 실체라고 보는 '지성분리성' 주장과 모든 인간에게 오직 하나라고 해석하는 '지성단일성' 주장이 그것이다. 토마스는 첫째 오류를 다루는 1

---

[51] QIIIDA 9, 28.64-76.

[52] DUI 1장 (2번).

장에서 3장까지 지성이 분리된 실체가 아니라 인간 영혼의 능력이라는 점을 주장하며, 둘째 오류를 다루는 4장과 마지막 5장에서 개별자 인간들에게 저마다의 지성이 있음을 입증한다.

3.1 지성분리성 비판: 1-3장

토마스는 제1장에 지면을 가장 많이 할애한다. 여기서 아리스토텔레스의 텍스트를 상세히 분석함으로써 지성분리성 주장이 아리스토텔레스의 해석으로 옳지 않음을 드러내고자 한다. 지성을 둘러싸고 토마스와 아베로에스주의자들 사이에 벌어진 논쟁은 "아리스토텔레스가 내린 영혼에 대한 정의와 지성의 비물질적 특성이 양립 가능한가"라는 물음에 바탕을 두고 있다. 아베로에스주의자들에 의하면, 신체 기관을 사용하지 않는 지성은 영혼의 일부분이 될 수 없다. 더욱이, 지성은 모든 인간에서 분리되어 존재하는 단 하나뿐인 실체다. 결국 영혼의 정의가 인간 영혼의 일부분이 아닌 지성에 적용할 수 없다고 주장하는 아베로에스주의자들은 영혼의 정의가 각기 다른 영혼들에 다의적인 방식으로 적용될 수밖에 없음을 인정한다. 토마스는 이러한 아베로에스주의자들의 해석에 대해 아리스토텔레스의 의도를 곡해했다고 강하게 비판한다. 이 비판은 지성이 일의적一義的인 의미에서 영혼으로 불릴 수 있으며, 영혼의 정의가 지성에 적용될 수 있다는 토마스의 대안적 해석으로 귀결된다.

아베로에스주의자들은 지성이 비물질적이기 때문에 영혼에 속한 능력이 될 수 없다는 해석을 내리는 데 반해, 토마스는 지성이 영혼의 정의에 속한다고 해석한다. 그렇다면 토마스의 해석은 지성이 비물질적이라는 아리스토텔레스의 주장을 부정한 결과인가? 물론 그렇지 않다. 토마스는 분명 신체 기관을 사용하지 않는 지성을 신체의 현실태가 아니라고 보는 반면, 영혼은 신체의 현실태라고 지적한다.[53] 그렇다면 지성의 비물질성과 영혼의 정의가 양립할 수 있다는 토마스의 해석은 어떤 논거에서 비롯되는 것일까?

먼저, 토마스는 『영혼론』 2권 1장에 등장하는 '신체의 형상 혹은 현실태'로서의 영혼의 정의가 신체의 현실태가 아닌 지성에 적용될 수 있는지 여부를 다루는 문제가 그리 간단치 않음을 시인한다. 그렇다고, 영혼의 정의가 지성에 적용될 수 없다는 뜻이 아니다. 그는 단지 아리스토텔레스가 영혼을 '신체의 형상'이라고 정의하는 『영혼론』 2권 1장에서 "아직 진리를 명백하게 증명하지 않았다"는 점을 지적할 뿐이다.[54]

그렇다면 아리스토텔레스는 어디에서 진리를 분명하게 논증하고 있단 말인가? 토마스의 해석에 따르면, 아리스토텔레스는 『영혼론』 2권 1장에서 영혼에 대한 보편적인 정의를 내린 다음 그 정의가 불완전함을 시인한다.[55] 왜냐하면 신체의 형상인 영혼은 신체에서 분리될 수 없을지라도, 그 영혼의 일부분인 지성은 신체에서 분리될 소지가 있기 때문이다. 그래서 아리스토텔레스는 『영혼론』 2권 2장에서 그 불완전함을 보충하기 위해 영혼의 작용들을 분석한다는 것이다. 『영혼론』 2권 1장에 나타나는 '신체의 형상'이라는 영혼의 정의가 지성에 적용될 수 있는지에 대한 물음은 그 정의만 국한해서 볼 때는 알 수 없다. 왜냐하면 영혼의 본질은 우리에게

---

[53] 지성의 비물질성에 대한 토마스의 논증은 *ST* 1.75.2와 *QDA* q.14 참조. 또한 토마스의 논증을 상세하게 분석한 이차 문헌으로는 앤소니 케니 『아퀴나스의 심리철학』, 이재룡 옮김 (가톨릭대학교 출판부 1999) 181-204; 이재경 「아리스토텔레스 넘어서기」 『가톨릭 철학』 4 (2002) 251-70 참조.

[54] *DUI* 1장 (6번).

[55] 참조: 토마스의 해석에 따르면, 아리스토텔레스는 『영혼론』 2권 1장에서 내린 영혼에 대한 정의가 비본질적이고(extrinsece), 피상적이며(superficialiter), 불완전하다(incomplete)고 고백한다. *In DA* 2.2, 158-164 참조.

확실하게 알려지지 않기 때문이다. 이와는 달리, 영혼의 작용들이 영혼의 본질보다 우리에게 좀 더 쉽게 이해될 수 있기 때문에, 영혼의 본질은 그것의 작용들을 통해 명확하게 알려질 수 있다. 아리스토텔레스는 실제로 영혼의 정의를 내린 후, 『영혼론』 2권 2장에서는 생명체에서 구별되는 여러 다른 생명 활동들에 따라 영혼의 여러 다른 능력들에 대해 설명한다. 이 점에서 토마스는 지성이 '신체의 형상'인 영혼의 정의에 포함되는가라는 문제를 『영혼론』 2권 2장에서 드러난 영혼의 작용들에 대한 분석을 통해 풀고자 한다. 여기서 영혼의 작용들이란 식물의 생장 활동에서부터 인간의 사고 작용에 이르기까지의 모든 생명 활동을 포괄한다. 모든 생명 활동이 영혼의 결과물이라는 사실을 인정한다면, 인간의 생명 활동들에 대한 연구는 그 활동들의 원리인 인간 영혼의 정의에 대해 알려 줄 것이다. 토마스는 사고 작용을 관찰할 때, 그 작용이 인간의 생명 활동들 가운데 포함되어 있음을 자명한 사실로 받아들인다. 사고 작용이 인간의 생명 활동이라면, 그 작용은 인간으로 하여금 생명 활동을 가능하게 하는 인간 영혼의 결과물이며, 그 영혼의 일부분인 지성의 작용이기도 하다는 결론이 도출된다. 그러므로 토마스는 지성을 인간 영혼의 일부분이므로 '신체의 형상'이라는 영혼의 정의에서 배제시킬 수 없다고 주장한다.[56]

지성을 비물질적인 것으로 본다는 점에서는 적어도 아베로에스주의자들과 토마스 사이에 이견이 없다. 그럼에도 불구하고 "비물질적인 지성이 영혼의 정의에 속하는지 또는 그것이 인간 영혼의 능력인가"라는 물음에 대한 양자의 대답은 판이하게 다르다. 아베로에스주의자들은 바로 지성의

---

[56] 이런 해석을 상세히 분석한 이차 문헌은 James Doig, "Toward Understanding Aquinas' *Com. In De Anima*: A Comparative Study of Aquinas and Averroes on the Definition of the Soul (*De Anima* B, 1-2)", *Rivista di filosofia neoscolastica* 66 (1974) 436-74 참조.

비물질성으로 인해 그것을 영혼의 정의에서 배제시켰으며, 인간 영혼의 일부일 수 없다고 해석한다. 이와는 달리 토마스의 해석에 의하면, 지성은 비물질적일지라도 영혼의 정의에 포함되며 인간 영혼의 일부분이다.

 토마스에 의하면, 감각은 물론 지성까지도 인간 영혼에 속하는 능력이다. 그러나 그는 감각이 신체 기관을 필히 사용할 수밖에 없는 신체의 현실태인 데 반해, 지성은 신체 기관을 사용하지 않는다는 점을 시인한다. 그렇다면 전혀 다른 성격을 띠고 있는 지성과 감각이 어떻게 인간 영혼, 그리고 개별자 인간 안에 공존할 수 있을까? 나아가 그는 "감각은 신체 없이 존재하지 않으나, 지성은 분리된다"[57]는 아리스토텔레스의 주장에 대해 어떤 해석을 내리는가? 아베로에스주의자들에 의하면, 감각은 신체의 현실태이기 때문에 신체와 분리되지 않는 인간 영혼의 일부분인 데 반해, 지성은 신체는 물론 개별자와도 분리되어 존재하는 실체다. 그러나 토마스는 지성분리성을 개별자로부터의 분리성으로 보지 않고, 단지 신체 기관을 사용하지 않는 비물질성과 동일한 의미로 해석한다. 따라서 지성과 감각은 그 성격에 있어 판이하게 다를지라도, 모두 인간 영혼에 속하게 된다: "지성이 신체의 현실태인 영혼에 속한 것이지만 영혼의 지성은 영혼의 다른 능력들이 가지는 신체 기관을 가지고 있지 않다."[58]

 사정이 이러하다면, 토마스의 해석에 대해 다음과 같은 의문을 제기할 수 있다. 어떻게 신체의 현실태가 아닌 지성이 신체의 현실태 혹은 형상인 인간 영혼에 속할 수 있는가? 그는 스스로 "어떻게 영혼이 신체의 형상임에도 불구하고 영혼의 어떤 능력은 신체의 능력이 아닐 수 있는가"[59]라는 물음을 제기하면서 의문을 해소하고자 한다. 그의 답변은 인간 영혼을 여

---

[57] *DA* 3.4, 429b5-7.   [58] *DUI* 1장 (26번).

[59] *DUI* 1장 (27번).

타의 형상들과 달리 아주 독특한 특성을 지닌 것으로 이해하는 데서 출발한다. 예컨대, 식물의 생장혼, 동물의 감각혼, 인간 영혼 모두 질료와 결합하는 형상들임이 분명하다. 그러나 그는 생장혼보다 감각혼이, 감각혼보다는 인간 영혼이 더 탁월하게 설명되는 계층적인 질서를 제시하고 있다. 이런 형상들의 계층적인 질서에서 최상위에 위치하는 인간 영혼은 질료와 결합할지라도 비물질적인 지성을 지니는 데 아무 문제가 없다는 것이다. 바로 이 지점에서 토마스와 아베로에스주의자들은 제각기 정반대의 해석을 내린다.

아베로에스주의자들에 의하면, 질료와 결합하는 모든 형상은 어떤 식으로든 질료를 초월할 수 없는 반면, 질료를 초월하는 능력은 전적으로 비물질적 형상 — 분리된 실체 — 에만 속할 수 있다. 결과적으로 인간 영혼은 질료에서 분리될 수 없는 형상이기 때문에 비물질적 지성이 들어갈 여지가 없다는 것이 그들의 요지다. 한편, 토마스는 질료에서 완전히 분리된 비물질적 형상과 질료에서 결코 분리될 수 없는 물질적 형상으로 구분하는 아베로에스주의자들의 이분법적 사고를 부정하고 있다. 그 부정은 인간 영혼을 "분리된 형상과 물질적 형상의 경계"에 있다는 주장으로 나아간다.[60] 결국 토마스는 이와 같은 인간 영혼이 신체와 결합할지라도, 사후死後에 신체에서 분리되어 존재할 수 있는 자립적 형상이라고 주장한다.

그렇다면 인간 영혼을 최상위의 형상으로 설정하는 근거는 무엇이란 말인가? 다시 말해, 인간 영혼은 질료에 결합하는 형상임에도 불구하고 그렇게 독특한 위상을 지니게 된 이유는 무엇인가? 토마스의 논거는 "작용은 존재를 따른다"는 원리에 입각하고 있다. 즉, 모든 활동은 그것들의 존재

---

[60] *DUI* 1장 (30번). 토마스는 인간 영혼이 물질적 형상과 분리된 실체의 '지평'(horizon) 혹은 '경계'(confinium)에 있다는 비유를 통해 그 독특성을 설명한다. *SCG* 2.68; *QDA* q.1 참조.

방식에 따라 결정된다. 질료와 형상으로 구성된 복합체가 질료와 결합하지 않은 채 자신의 작용을 수행할 수 없다면, 그것의 형상적 요소는 질료적 요소와 독립되어 존재할 수 없다. 이를테면 식물의 생장혼이나 동물의 감각혼은 비물질적인 작용을 수행할 수 없기 때문에 자립적일 수 없다. 반면, 그는 인간 영혼에 대해서는 이렇게 말한다.

> 질료에 결합되지 않은 채 그것 자신의 가능태나 능력에 의해 작용을 가지는 형상은 스스로 존재를 가지며 다른 형상들처럼 복합체의 존재를 통해서만 실재하게 되는 것이 아니라 복합체가 그것의 존재를 통해 실재하게 된다.[61]

토마스는 아리스토텔레스가 지성을 인간 영혼의 능력으로 보았다고 주장한다. 따라서 지성을 분리된 실체로 해석한 아베로에스주의자들의 입장은 아리스토텔레스를 곡해한 결과라는 것이 1장에서의 토마스의 결론이다.

『지성단일성』에서 제1장이 가장 긴 반면, 가장 분량이 적은 장은 제2장이다. 그럼에도 불구하고 2장은 여러 사상가의 입장을 거의 인용구로 제시하고 있기 때문에 그들의 정확하면서도 세밀한 논의를 따라가기가 쉽지만은 않다. 토마스는 1장에서 지성을 분리된 실체라고 보는 아베로에스주의자들의 해석이 아리스토텔레스를 오해한 결과물이라는 점을 드러낸 다음, 2장에서는 그들의 논변이 아리스토텔레스를 따르던 그 밖의 소요학파 사람들의 입장과도 상반됨을 밝히고자 한다. 토마스는 이런 전략을 통해, 아베로에스주의자들이 우군友軍으로 여기는 그리스 주석가들과 아랍 소요학

---

[61] *DUI* 1장 (38번); 참조: *ST* 1.75.2와 *QDA* q.1.

파들 역시 지성을 분리된 실체가 아니라 인간 영혼의 능력으로서 해석하고 있음을 보여 준다.

첫째, 토마스는 세 명의 그리스 주석가들을 거명한다. 여기서 주목해야 할 점은 종전까지 그리스 주석가들에 대한 견해를 파악하기 위해 아베로에스의 텍스트에 의존하던 토마스가 테미스티우스의 『영혼론 주해』에 대한 윌리엄 모에르베케William of Moerbeke의 최신 라틴어 번역을 사용한다는 것이다. 토마스는 이를 통해 테미스티우스와 테오프라스투스, 알렉산더 아프로디시아스 모두 지성을 인간 영혼의 능력으로 해석하고자 했음을 보여 준다.

둘째, 아랍 소요학파들로 아비첸나와 알가잘리를 꼽는 토마스는 그들 역시 지성을 인간 영혼의 능력으로 주장했다고 해석한다. 따라서 토마스는 아베로에스를 소요학파가 아니라 소요학파의 왜곡자라고 비판한다.

아리스토텔레스나 그를 따르던 그리스 주석가와 아랍 철학자들의 해석을 잣대로 볼 때 지성분리성 주장이 올바른 해석이 아님을 1-2장을 통해 보여 준 토마스는, 제3장에서 그 주장이 철학적으로도 설득력이 없음을 보여 주는 논변들을 개진한다. 이러한 논변들은 "이 개별적인 인간이 사고 작용을 한다"(hic singularis homo intelligit)는 자명한 사실에 기초한다. 요컨대, 인간으로 하여금 사고 작용을 할 수 있게 하는 원리이며, 인간을 본질적으로 이성적 존재로 자리매김할 수 있게 하는 원리인 지성이 인간에게 내재할 때만 인간은 진정한 사고 작용을 소유한다고 말할 수 있다는 것이다.

따라서 토마스는 지성을 인간에 내재한 형상으로 보지 않는 사람은 어떤 식으로든 사고 작용이 이 개별적인 인간에 속한 작용임을 적절하게 설명해야 함을 역설한다. 아베로에스의 이중주체론에 의하면, 사고 작용은 분리된 지성과 심상들의 결합을 통해 개별적인 인간의 작용이 될 수 있다.

그러나 토마스는 세 가지 이유를 들어 아베로에스의 이중주체론 역시 "이 개별적인 인간이 사고 작용을 한다"는 사실을 충분하게 설명하지 못한다고 비판한다.

첫째, 아베로에스의 설명 방식을 따른다면, 지성은 타고나는 것이 아니라 우연적으로 결합되는 것이다. 따라서 인간에게서 존재의 구성 요소인 지성을 제거시키는 문제점을 야기한다는 것이 토마스 비판의 요지다. 둘째, 외적 세계로부터 획득되어 지성에 전이된 감각 작용의 결과물인 심상은 물질적이기 때문에 단지 가능적으로 사고될 수 있다. 그것들이 현실적으로 사고될 수 있기 위해서는 추상 작용을 거쳐야 한다. 따라서 토마스는 개별자 인간이 저마다 심상들에서 추상된 지성상을 소유하지 않는다면 사고 작용의 개체성을 설명할 길이 없다고 주장한다. 셋째, 설령 지성과 심상의 결합이 가능하다 하더라도, 지성분리성 주장은 사고 작용의 자발성이 개별자 인간 외부에서 오게 될 것이므로, 개별자 인간은 인식 주체가 아니라 인식 대상으로 전락하게 될 것이라는 점이 토마스의 비판이다. 이를테면, 나의 심상과 지성의 관계는 벽의 색깔과 시각의 관계와 같다. 그러나 벽의 색깔이 우리에게 보인다고 해서 보는 주체가 벽이라고 말하지 않는다. 마찬가지로 나의 심상이 분리된 지성에 의해 인식된다고 해서 우리가 인식한다고 말할 수 없다는 것이다.

인간을 다른 동물들과 근본적으로 구별 짓게 하는 것은 사고 작용이다. 또한 사고 작용은 단지 지성의 작용이다. 따라서 그 작용의 원리인 지성이 인간에게 형상으로 내재하지 않는다면 개별자 인간이 사고 작용을 한다는 점을 설명할 수 없다.

또한 토마스는 도덕철학의 관점에서 지성분리성 주장을 비판한다. 그의 비판은 다음과 같다: 의지는 지성 안에 있기 때문에, 지성이 이 개별적인 인간 안에 속하지 않는다면, 의지는 분리된 실체 안에 있게 될 뿐이다. 따라서 이 개별적인 인간은 자신의 행위에 대해 책임질 필요가 없게 될 것이므로, 도덕철학의 원리가 파괴될 것이다.

토마스는 지성분리성 주장이 철학적으로도 입증될 수 없다고 설명하면서 지성을 인간 영혼의 능력이라고 주장한다. 그럼에도 불구하고 인간 영혼은 지성을 가질 수 있기 때문에 자립적 형상이라는 토마스의 논거에 대해 여전히 우리는 의문을 제기할 수 있다. 인간 영혼이 신체의 현실태라는 주장과 그와 같은 인간 영혼에 속한 능력으로서의 지성은 신체의 현실태가 아니라는 주장은 어떻게 양립할 수 있는가? 인간 영혼이 신체에 형상으로 결합되어 있는 한, 지성을 포함한 영혼의 모든 능력은 신체 기관을 통해 작용하게 되는 것은 아닌가? 바꾸어 말해, 지성이 신체 기관의 도움 없이 자신의 작용을 수행하는 것이라면, 그 지성이 속한 인간 영혼 역시 신체에 결합될 수 없고 분리되어야 하는 것은 아닌가? 토마스는 3장 마지막 부분에서 이 문제를 다루고 있다.

이런 문제는 아베로에스주의자 시제가 토미스의 입장에 대해 제기했던 반박의 요지이기도 하다. 시제의 반박은 "능력은 그 능력이 도출되는 본질(실체)보다 더 비물질적이거나 단순할 수 없다"(potenita non potest esse immaterialior aut simplicior quam eius essentia)는 원리에 토대를 두고 있다. 토마스 이론에서, 영혼의 모든 능력은 그 본질인 영혼에서 파생되기 때문에 지성은 영혼보다 더 비물질적일 수 없다. 그렇다면 영혼은 지성과 동등하든지 지성보다 더 비물질적이든지 해야 할 것이다. 그럼에도 불구하고 인간 영혼은 신체의 현실태인 데 반해, 인간 영혼의 능력인 지성이 신체의 현실태가 아니라는 토마스의 주장은, 지성이 영혼보다 더 탁월하거나 더 비물질적으로 되는 자기모순에 빠진다고 시제는 비판한다. 그러므로 시제는 신체의

현실태일 수 없는 지성이 신체의 현실태인 인간 영혼에 속한다는 토마스의 주장을 받아들일 수 없었다.[62]

흥미롭게도, 토마스의 답변은 시제 비판의 원리인 "능력은 그 능력이 도출되는 본질보다 더 비물질적이거나 단순할 수 없다"는 원리를 부정하는 데 있지 않다. 왜냐하면 토마스는 그 비판의 원리가 인간 영혼을 제외한 여타의 물질적 형상의 경우에 타당할 수 있다고 여기기 때문이다. 그 대신, 토마스는 다시 인간 영혼의 독특한 특성을 강조함으로써 답변하고자 시도한다. 존재하기 위해서 질료에 전적으로 의존할 수밖에 없는 여타의 물질적 형상들과는 달리, 인간 영혼은 자신의 고유한 존재를 가지고 있으며, 그 존재를 신체와 공유하는 자립적per se subsistens 형상이다. 즉, 영혼은 신체의 형상이면서 동시에 사후에 신체에서 분리되어 자립적일 수 있는 비물질적 형상이다. 따라서 자신의 이론 체계 내에서 지성은 인간 영혼보다 더 비물질적이지 않기 때문에, 그러한 영혼이 비물질적인 지성을 지니지 못할 하등의 이유도 없다는 것이다. 따라서 지성을 인간 영혼의 능력으로 설정할 경우 지성이 인간 영혼보다 더 비물질적이게 되는 모순에 빠진다는 시제의 비판에 대해 토마스는 자신의 이론을 오해한 데서 비롯된 것이며 타당하지 않다고 답변함으로써 3장을 마무리한다.[63]

---

[62] 시제 브라방은 전 생애 동안 이 비판을 일관적으로 제기한다. *QIIIA* 7; *DAI* 3; *QLC* 26 참조.

[63] 토마스의 답변을 상세히 분석한 문헌으로는 B. Bazán, "Le dialogue entre Siger de Brabant et Thomas d'Aquin", 90-1; A.C. Pegis, "St. Thomas and the Unity of Man", in *Progress in Philosophy: Philosophical Studies in Honor of Rev. Doctor Charles A. Hart*. J.A. McWilliams, ed. (Milwaukee: The Bruce 1955) 162-73; F. Van Steenberghen, *Maître Siger de Brabant*, 357-60. 토마스의 답변이 지니는 문제점에 대해서는 이재경「'성난 황소' 토마스 아퀴나스」『철학연구』81 (2002) 175-98 참조.

3.2 지성단일성 비판: 4-5장

토마스는 3장까지 지성분리성을 다룬 후 4장부터 둘째 오류인 지성단일성을 주제로 삼는다. 사실, 아베로에스주의자들은 모든 사람에게 가능지성과 능동지성 둘 다를 하나라고 주장한 바 있다. 물론 토마스는 능동지성의 단일성 주장이 아리스토텔레스의 취지와 부합되지 않는다는 점을 지적한다. 그럼에도 불구하고 많은 철학자가 능동지성의 단일성을 주장한 데에는 이유가 있을 수 있음을 지적하면서, 가능지성의 단일성만을 문제 삼겠다는 의지를 밝힌다.

4장은 가능지성의 단일성을 전제할 경우 여러 불합리한 결론들이 도출될 것이라는 점을 보여 준다. 가능지성이 개별자인 소크라테스로 하여금 사고 작용을 하도록 하는 원리라면, 사고 작용을 하는 소크라테스가 바로 지성과 동일하든지, 지성이 소크라테스 안에 형상으로 내재하든지 두 경우 중 하나라고 말해야 한다. 첫째 경우, 소크라테스는 플라톤과 다르지 않게 될 것이고, 모든 사람은 수적으로 하나이게 될 것이다. 왜냐하면 소크라테스를 포함한 모든 사람이 단일한 지성과 동일할 것이기 때문이다. 그러나 둘째 경우, 모든 인간에게 지성은 하나가 아니라 여럿이게 된다. 따라서 토마스는 지성이 소크라테스 안에 형상으로 내재하며, 개별자 인간은 저마다 지성을 지닌다는 것이 아리스토텔레스의 취지라고 주장한다.

토마스는 또한 가능지성의 단일성 주장이 『영혼론』에서 아리스토텔레스가 개진한 주장과도 위배된다는 점을 지적한다. 아리스토텔레스는 지성을 아무것도 쓰여 있지 않은 '빈 서판'에 비유하면서 모든 사물에 대해 가능태에 있다고 설명한다.[64] 누군가 무언가를 배울 때, 지식은 그 사람 안에

---

[64] *DA* 3.4, 429b30-430a2.

있게 되고 사용될 수도 있다. 또한 가능지성은 배움을 통해 현실태에 있게 된다. 하지만 모든 인간에게 오직 하나의 지성만 있다면, 분리된 지성은 지성상을 새롭게 습득할 필요가 없다. 결과적으로 분리된 지성을 전제할 경우 나의 배움 과정을 통해 새로운 지성상을 획득할 수 없게 되며 능동지성을 요청할 필요도 없게 된다.

토마스는 마지막 제5장에서 가능지성의 다수성을 정당화하는 자신의 논변을 제시한다. 아베로에스주의자들이 지성단일성을 옹호하는 근본 이유는 비물질적 형상이 동일한 종에서 수적으로 다수화될 수 있는 철학적 가능성을 거부하기 때문이다. 즉, 질료에 의해 개체화되는 것은 물질적 형상이기 때문에, 지성이 질료에 의해 수적으로 개체화된다면 그 지성은 물질적 형상이 될 것이다. 하지만 지성이 비물질적 형상임은 자명하다. 따라서 질료가 개체화의 원리인 이상 비물질적 형상인 지성은 신체에 의해 개체화될 수 없다.

그렇다면 토마스는 지성의 개체성을 어떻게 정당화하는가? 그는 물질적인 실체들의 경우 질료가 개체화의 원리가 된다는 주장에서는 아베로에스주의자들과 의견을 달리하지 않는다.[65] 왜냐하면 그는 인간 영혼이 신체의 현실태이기 때문에 질료와의 관련성을 통해 개체화된다고 말하기 때문이다.[66] 그렇다면 개체화의 원리인 질료에서 독립되어 존재하는 지성은 어

---

[65] 한편, 토마스는 비물질적 형상들이 자체적으로 개체화될 수 있는 가능성을 인정하기도 한다. 참조: 조셉 오웬스 「토마스 아퀴나스」『스콜라 철학에서의 개체화』, 조지 그라시아 엮음, 이재룡·이재경 옮김 (가톨릭출판사 2003) 312-23. 중세의 개체화 문제에 대해서는 박우석 「개체화 문제: 중세인의 가슴앓이」『철학과 현실』 12 (1992) 148-68 참조.

[66] 물론 토마스는 비물질적 형상인 인간 영혼의 개체성을 여타의 물질적 형상들의 개체성 과는 다른 방식으로 설명한다. 왜냐하면 자립적 형상으로서 인간 영혼은 신체와 분리될 경우, 신체와 관계 맺지 않고서도 개체화될 수 있기 때문이다. 참조: *In Sent* 1.8.5.2 ad 6; *De ente et essentia*, 5.378.59-379.68.

떻게 개체화될 수 있을까? 토마스의 논증은 우유적 형상forma accidentalis의 개체화를 그것들이 놓여 있는 실체적 형상에서 취할 수 있다는 자신의 형이상학적 원리에 기초하고 있다. 다시 말해, 우유accidens들의 개체화는 그것들이 내재되어 있는 주체에서 얻을 수 있다는 것이다.[67] 양이나 색깔과 같이 질료와 형상의 복합체 안에 존재하는 우유들은 그 복합체들에 의해 개체화된다. 한편, 그러한 복합체 안에 존재하지 않고 인간 영혼 안에만 존재하는 지성은 영혼에 의해 개체화된다. 따라서 그는 지성의 개체화를 그 지성이 인간 영혼의 능력이라는 점으로부터 도출해 낸다. 인간 영혼이 실체적 형상이라면, 그 영혼과 구분되는 능력들은 우유적 형상임이 분명하다. 한편, 인간 영혼은 신체와 존재론적 결합을 하기 때문에 개체화된다. 따라서 지성이 인간 영혼의 우유적 형상이기 때문에, 그것이 놓여 있는 실체적 형상인 영혼에 의해 개체화될 수 있다. 그러므로 토마스는 다음과 같이 말한다.

> 지성이 신체의 현실태인 영혼의 능력이라는 점을 이미 앞에서 보여 주었다. 그러므로 다수의 신체 안에 다수의 영혼이 있고, 다수의 영혼에 지성이라고 불리는 다수의 지성 능력이 있다. …[68]

영혼은 신체의 형상으로서 신체 안에 존재하기 때문에 개체화된다. 하지만 지성이 개체화된다고 해서 신체 안에 존재하거나 물질적이라는 뜻은

---

[67] *ST* 1.29.1c; 1.39.3c; 3.77.2c.

[68] *DUI* 5장 (103번). 또한, 토마스는 *QDA* q.3.27.294-296에서 다음과 같이 말한다: "지성은 인간 영혼의 능력 혹은 기능이기 때문에, 그것은 다름 아닌 영혼의 실체가 수적으로 배가됨에 따라 배가된다"(Cum sit quaedam vis vel potentia animae humanae, multiplicatur secundum multiplicationem substantiae ipsius animae).

아니다. 오히려, 지성이 영혼의 능력이기 때문에 개체화된다는 것이 토마스의 주장이다.

나아가 토마스는 사고되는 대상intellectum이 단 하나이기 때문에 지성도 하나라는 아베로에스주의자들의 논변을 비판한다. 이 비판은 사고 대상의 의미를 분석하는 과정에서 밝히 드러난다. 그는 인식 대상과 인식 능력 간의 비례관계에 천착하여 천사처럼 물질적 속성을 전혀 가지고 있지 않은 지성의 경우, 물체에서 분리된 지성적 실체를 인식 대상으로 삼는다고 말한다. 이와는 달리, 인간 지성은 본성적으로 신체와 결합되기 때문에, 그 본성에 비례하는 대상을 가질 수밖에 없다. 따라서 인간 지성의 고유한 사고 대상은 '물질적 질료 안에in materia corporali 존재하는 하성何性(quidditas) 또는 본성natura'[69]이다. 반면, 지성상을 사고 대상으로 삼게 된다면, 모든 학문이 영혼 밖에 있는 사물들이 아니라 단지 영혼 안에 있는 지성상만을 다루는 주관주의subjectivism나 유아론唯我論(solipsism)에 빠져 들 위험이 있다.[70] 따라서 사고 대상은 지성상과 구별되어야 한다. 결과적으로 모든 사람에게 사고 대상은 하나다. 하지만 하나의 사고 대상은 개별자 인간에 고유한 지성상을 통해 달리 인식된다. 나의 사고 작용은 너의 사고 작용과 다르고, 나의 지성은 너의 지성과 다르다. 토마스는 하나의 사고 대상이 각자의 지성이 소유하는 상을 통해 여러 사람에 의해 인식된다는 점을 보여 주고자 한다. 말하자면 각기 다른 개별자 인간이 동일한 대상에 대해 사고 작용을 하지만, 한편으로는 서로 다른 지성들 안에 있는 다른 지성상들을 통해 인식하고 있는 것이다.

토마스는 가능지성의 다수성을 정당화하기 위한 논변을 개진한 다음 그리스 주석가와 아랍 철학자들 역시 자신과 이견이 없음을 지적한다. 그리

---

[69] 참조: *ST* 1.84.7.   [70] *ST* 1.85.2.

고 그는 이 저작의 마지막 부분에서 지성단일성론을 주장한 인물을 이중진리론의 주창자로 묘사하고 있다: "나는 이성을 통해서는 지성이 수적으로 하나라고 필연적으로 결론 내리지만, 신앙을 통해서는 그 반대 입장을 단호하게 주장한다."[71] 이 대목에서 이중진리론의 주창자임을 암시하는 '나'란 누구인지 정확하지는 않다.[72] 하지만 토마스는 이런 입장에 대해 다음과 같이 강하게 비판하고 있다. 필연적인 결론에 상반되는 것은 무엇이든 논리적으로 불가능하다. 따라서 이 입장은 신앙을 논리적으로 불가능한 것과 연관된다고 주장한다. 하지만 신조차 논리적으로 불가능한 것을 참으로 만들 수는 없다. 그러므로 그리스도인이라면 누구라도 이 입장을 받아들일 수 없다는 것이 토마스의 비판이다.

마지막으로 그는 신앙의 권위를 통하지 않고 단지 철학적 논변들과 아리스토텔레스를 비롯한 철학자들의 해석에 천착함으로써 지성단일성론의 오류를 논박하고자 한다는 의도를 재삼 확인하면서, 강하고 흥분된 어조로 논쟁을 유발하는 도전장을 던지듯이 글을 맺고 있다.

> 누군가가 지식이라는 거짓된 이름으로 불리는 것에 우쭐해하며, 우리가 여기서 쓴 것에 반하여 무슨 말이든 하고자 한다면, 구석진 곳이나 그렇게 어려운 문제에 대해 판단할 줄 모르는 소년들 앞에서 말하지 말고, 할 수 있거든 이 저술에 반대하여 글 쓰게 하라.

---

[71] *DUI* 5장 (123번).

[72] 이 저술이 시제 브라방을 염두에 두고 쓴 것이라면, 이중진리론의 주창자 역시 시제라는 추정이 가능하다. 하지만 그 추정을 입증할 만한 문헌적 근거를 찾기가 힘들다. 더욱이, 시제가 이중진리론의 주창자가 아니라는 점은 학자들의 일치된 견해다. 이 점에 대해서는 이재경 「13세기의 합리성과 종교적 믿음」 『영원을 향한 철학: 존재와 사유, 인간과 자유』 (동과서 2004) 339-60 참조.

그는 자신의 실수에 반대하고 자신의 무지를 치유할 사람 중 가장 하찮은 나 말고도 진리를 사랑하는 여러 다른 사람을 만나게 될 것이다.[73]

4. 저술의 영향과 의의

이 저술은 "할 수 있거든 이 저술에 반대하여 글 쓰게 하라"라는 말로 끝맺고 있다. 그렇다면 아베로에스주의자들 가운데 누가 토마스의 도전을 수락했을까? 시제는 토마스의 비판에 맞서 『지성론』*De intellectu*을 집필한 것으로 알려져 있다. 1270년 텅피에의 단죄 이전에 쓴 것으로 추측되는 그 저작은 불운하게도 전해지지 않는다. 다만 우리는 르네상스 철학자 아고스티노 니포Agostino Nifo의 저작들 안에 드러나는 인용구들을 통해 간접적으로나마 이 저작에 드러난 시제의 견해에 대해 알 수 있다. 이 저작에서 시제는 초기 아베로에스주의의 근본 주장들을 포기하지 않는 듯하다.[74]

이 저작이 완성되고 얼마 있지 않아 그 해 12월 10일 파리의 텅피에 주교는 다음과 같은 13개의 명제들을 가르치거나 고의적으로 주장하는 모든 이를 단죄하는 사건이 일어난다.

1. 모든 인간의 지성은 수적으로 하나다.
2. 인간이 사고 작용을 한다는 점은 그릇되거나 부적절하다.
3. 인간의 의지는 필연적으로 의지하거나 선택한다.

---

[73] *DUI* 5장 (124번).

[74] 내용에 대해서는 F. Van Steenberghen, *Maître Siger de Brabant*, 360-3; Edward Mahoney, "Saint Thomas and Siger of Brabant Revisited", 537-9 참조.

4. 이 세상에서 일어나는 모든 것은 천체들의 필연성 아래 있다.

5. 세계는 영원하다.

6. 결코 첫 번째 인간은 없었다.

7. 모든 인간에 준하여 인간의 형상인 영혼은 신체의 소멸과 함께 분해된다.

8. 사후死後 분리된 영혼은 물리적 불을 경험하지 않는다.

9. 선택의 자유(자유결단)는 능동적인 능력이 아니라 수동적인 능력이며, 욕구에 의해 필연적인 방식으로 움직인다.

10. 신은 특수자들을 인식하지 않는다.

11. 신은 자신이 아닌 것들을 인식하지 않는다.

12. 인간 행위들은 신의 섭리에 의해 다스려지지 않는다.

13. 신은 소멸消滅되거나 사멸死滅되는 것에게 불사不死나 불멸不滅의 선물을 내릴 수 없다.[75]

단죄 목록에서 볼 수 있듯이, 명제 1과 명제 2는 지성단일성론을 염두에 둔 것이다. 이런 일련의 사건 이후, 시제는 자신에게 가해진 여러 비판에

---

[75] H. Denifle and A. Chatelain, *Chartularium Universitatis Parisiensis* I (Paris: Delalain 1889) 432: 486-7: "Isti sunt errores condemnati et excommunicati cum omnibus qui eos docuerint scienter vel asseruerint, a domino Stephano, Parisiensi episcopo, anno Domini MCCLXX, die mercurii post festum beati Nicholai hiemalis. Primus articulus est: Quod intellectus omnium hominum est unus et idem numero. 2. Quod ista est falsa vel impropria: homo intelligit. 3. Quod voluntas hominis ex necessitate vult vel eligit. 4. Quod omnia quae hic in inferioribus aguntur subsunt necessitati corporum caelestium. 5. Quod mundus est aeternus. 6. Quod numquam fuit primus homo. 7. Quod anima quae est forma hominis secundum quod homo corrumpitur corrupto corpore. 8. Quod anima post mortem separata non patitur ab igne corporeo. 9. Quod liberum arbitrium est potentia passiva, non activa et quod necessitate movetur ab appetibili. 10. Quod Deus non cognoscit singularia. 11. Quod Deus non cognosit alia a se. 12. Quod humani actus non reguntur providentia Dei. 13. Quod Deus non potest dare immortalitatem vel incorruptionem rei corruptibili vel mortali."

맞서기 위해 1273~1274년경에 『지성적 영혼』*De anima intellectiva*을, 그리고 1275~1276년경에 『원인론에 대한 문제』*Quaestiones super librum de causis*를 저술한다. 시제는 『영혼론 3권에 대한 문제』에서 제기한 지성단일성론을 포함한 여러 명제가 1270년에 단죄된 후, 결국 아베로에스주의 입장을 버리게 된다. 또한 후기 저작으로 갈수록 자신의 논적인 토마스의 비판을 의식하면서 여러 차례 자신의 입장을 재고한 흔적을 엿볼 수 있다. 더욱이, 시제는 생애 마지막 저술인 『원인론에 대한 문제』에서 지성단일성론을 신학적으로는 말할 것도 없고 철학적으로도 오류를 지닌 것으로 주장한다. 추측건대, 단테Dante Alighieri가 『신곡』*Divina Comedia*에서 시제를 토마스가 칭찬해 마지않는 인물로 묘사하며, 「천국편」(Paradiso X, 133-7)에서 토마스와 함께 성인의 반열에 올려 놓은 것은 바로 시제의 후기 입장을 토대로 한 것이리라.

이러한 시제의 사상적 변천과 1277년의 단죄 이후에도 아베로에스주의는 뿌리 뽑히지 않는다. 14세기 요한 잔둔John Jandun(1285/1289~1316년경)은 파리 대학 인문학부에서 여전히 아리스토텔레스에 대한 아베로에스 해석을 옹호하였고, 이런 경향은 한 세기가 지난 뒤 니콜레토 베르니아Nicoletto Vernia(✝1499), 아고스티노 니포(1470~1538년경) 등을 통해 이탈리아의 르네상스 시대에 다시 나타나게 된다.

마지막으로 우리는 이 저술이 토마스의 사상에서 차지하는 위상과 의의에 대해 알아볼 필요가 있다. 철학자라기보다는 신학자로 평가되는 다른 중세 사상가들과 마찬가지로, 토마스의 사상 체계 내에서 철학적 요소와 신학적 요소가 명확하게 구분되기 힘들다고 하는 점이 종종 지적되어 온 것은 사실이다. 중세철학을 암흑기의 철학이라고 폄하하는 이들은 심지어 토마스를 철학자라기보다는 교회 권위의 대변자나 신학자로 평가하기까지 한다. 그러나 우리는 토마스가 『지성단일성』에서 자신의 위상을 분명하게 '철학자'로서 자리매김하고 있음을 발견한다. 이 저술의 첫머리에서 밝히듯이, 그의 전략은 아베로에스주의적 입장이 그리스도교 교리에 위배된다는 점을 부각시키려는 데 있지 않다. 왜냐하면 당대 여러 신학자에게 비판받았듯이, 지성이 모든 인간에게 하나라는 입장은 사후 세계의 심판과 연관된 그리스도교 교리와 부합되지 않는다는 것은 자명한 사실이기 때문이다. 오히려 토마스는 지성단일성론이 철학적으로뿐 아니라 아리스토텔레스 철학에 대한 해석으로도 설득력이 없음을 보여 주고자 한다는 점에서, 그의 전략은 당대 신학자들의 비판과 달리 참신한 측면을 가지고 있다. 토마스에게 자기 목소리로 철학하고 싶은 열정이 없었다면, 그는 이미 그리스도교 교리와 상충된다고 낙인찍힌 지성단일성론에 대해 굳이 철학적으로, 또 그렇게 흥분하여 이 저작을 저술했을 리가 없다. 따라서 이 저술은 치열한 논쟁 속에서 논적들의 철학적 이론에 맞서 싸우기를 마다하지 않은 '철학자' 토마스로 그려내기에 충분하지 않을까?

참고문헌

라틴어 원전

LEONINE판: *Sancti Thomae Aquinatis doctoris angelici Opera omnia iussu Leonis XIII. P. M. edita*, cura et studio fratrum praedicatorum, Romae 1882~. [vol. 43, preface 247-87, text 291-314].

PARMA판: *Sancti Thomae Aquinatis doctoris angelici Opera omnia ad fidem optimarum editionum accurate recognita, Parmae typis Petri Fiaccadori*. 25 vols., 1852~1873; Rep. New York: Musurgia 1948~1950. [vol. 16, 208-314].

VIVÈS판: *Doctoris angelici divi Thomae Aquinatis sacri Ordinis F.F. Praedicatorum Opera omnia sive antehac excusa, sive etiam anecdota* ⋯, studio ac labore Stanislai Eduardi Fretté et Pauli Maré Sacerdotum, Scholaeque thomisticae Alumnorum, Parisiis apud Ludovicum Vivès. 24 vols., 1871~1872. [vol. 27, 311-55].

OPUSCULES판: *Opuscula Omnia*. ed. P. MANDONNET. 6 vols. Paris: Letthielleux 1927. [vol. 1, 33-69].

Opuscula philosophica. ed. R.M. SPAZZI. Turin: Marietti 1954, 63-90.

KEELER판: *S. Thomae Aquinatis Tractatus de unitate intellectus contra averroistas*, Textus et documenta, Series philosophia 12. Rome: Gregorian University 1936.

번역본[76]

□ 영어

Rose E. BRENNAN, *The Trinity and the Unicity of the Intellect*. St. Louis: B. Herder, 1936.

Ralph MCINERNY, *Aquinas against the Averroists: On There Being Only One Intellect*. West Lafayette, IN: Purdue University Press, 1993.

---

[76] 이것 말고도 여러 번역들이 있으나 여기서는 대개 서양어에 국한한다.

Beatrice H. ZEDLER, *On the Unity of the Intellect against the Averroists*. Milwaukee: Marquette University Press, 1968.

□ 불어

M. BANDEL, *L'unité de l'intellect contre les averroïstes*, vol. 2, 492-524. In *Opuscules de saint Thomas d'Aquin*. 7 vols. Paris, Vivès 1857. [Reprint Paris: Vrin-Reprise 1984. vol. 3, 248-310].

Allain de LIBERA, *L'unité de l'intellect contre les averroïstes, suivi des Textes contre Averroès antérieurs à 1270*. In *Contre Averroès*. Paris: GF-Flammarion 1994.

□ 독일어

Wolf-Ulrich KLÜNKER, *Über die Einheit des Geistes gegen die Averroisten*. Stuttgart: Verlag Freies Geistesleben, 1987.

□ 이탈리아어

A. GHISALBERTI, *Unità dell'intelletto contro gli averroisti*. Milano: Bompiani 2000.

A. LOBATO, *Opuscoli filosofici: l'ente e l'essenza, l'unità, dell'intelletto, le sostanze separate*. Rome: Città Nuova 1989.

B. NARDI, *Trattato sull'unità dell'intelletto contro gli averroisti*. Florence: Sansoni 1938.

C. OTTAVIANO, *Saggio contro la dottrina averroistica dell'unità dell'intelletto*. Lasciano: R. Carabba editore 1930.

□ 포르투갈어

Santiago de CARVALHO, *A Unidade do Intelecto contra Averroístas*. Lisbonne: Edicâo bilingue 1999.

기타 문헌

박승찬「아리스토텔레스 철학의 수용과 스콜라 철학의 발전」『가톨릭 철학』 3 (2001) 119-57.

박우석「개체화 문제: 중세인의 가슴앓이」『철학과 현실』 12 (1992) 148-68.

―『중세철학의 유혹』철학과 현실사 1997.

성염「영혼이 신체의 형상이면서 실체일 수 있는가」『신학전망』 141 (2003) 97-116.

신창석「영혼과 육체의 상호 작용에 대한 형이상학적 근거」『철학논총』 27 (2002) 152-72.

―「인간이란 누구인가」『신·세계·인간』분도출판사 2004, 109-36.

이경재「토마스 아퀴나스의 개별화 문제」『철학연구』 23 (2000) 75-98.

―「토마스 아퀴나스 인간학의 논리적 출발점에 대한 정당화」『가톨릭 철학』 5 (2003) 231-51.

―「토마스 아퀴나스의 인간 인격에 대한 철학적 정당화」『신학과 철학』 6 (2004) 277-302.

이상섭「토마스 아퀴나스의 Species Intelligibilis 개념과 그것의 13세기 철학에서의 위치」『가톨릭 철학』 5 (2003) 152-81.

―「인식 주체의 다수성과 인식의 보편성은 양립 가능한가」『철학연구』 62 (2004) 113-36.

―「토마스 아퀴나스와 표상주의 논쟁」『철학연구』 68 (2005) 227-48.

이재경「토마스 아퀴나스 심신 이론 다시 읽기」『철학』 68 (2001) 157-84.

―「아리스토텔레스의 "영혼론"과 13세기 지성단일성론 논쟁」『가톨릭 철학』 3 (2001) 158-187.

―『토마스 아퀴나스와 13세기 심리철학』대구가톨릭대학교 출판부 2002.

―「'성난 황소' 토마스 아퀴나스」『철학연구』 81 (2002) 175-98.

―「아리스토텔레스 넘어서기」『가톨릭 철학』 4 (2002) 251-70.

―「토마스 아퀴나스, 신플라톤주의 그리고 지평 비유」『동서철학연구』 26 (2002) 5-20.

— 「13세기의 합리성과 종교적 믿음」 『영원을 향한 철학: 존재와 사유, 인간과 자유』 동과서 2004, 339-60.
— 「토마스 아퀴나스와 실재론의 안팎」 『인간연구』 8 (2005) 221-41.
이재룡 「토마스 아퀴나스의 추상 이론」 『가톨릭 철학』 창간호 (1999) 134-68.
— 「토마스 아퀴나스의 개체화 원리」 『신학과 사상』 45 (2003) 102-40.
장욱 「성 토마스에 있어서 인간 존엄성의 궁극적 근거」 『가톨릭 철학』 2 (2000) 175-225.
— 「왜 토마스 아퀴나스인가? — 형이상학적 인간학」 『중세철학』 6 (2000) 3-70.
— 『토마스 아퀴나스의 철학: 존재와 진리』 동과서 2003.
정현석 「토마스 아퀴나스의 인식론과 인간」 『중세철학』 4 (1998) 95-151.

ARISTOTELES 『영혼론』(I, II, III) 이재룡 옮김 『가톨릭 신학과 사상』 20 (1997) 192-225; 21 (1997) 190-231; 22 (1997) 222-60.
— 『영혼에 관하여』 유원기 역주, 궁리 2001.
— 『아리스토텔레스의 형이상학』 조대호 역해, 문예출판사 2004.
— *De anima*. trans. H.G. APOSTLE, Grinnell, Iowa: The Peripatetic Press 1981.
— *The Complete Works of Aristotle: The Revised Oxford Translation*. 2 vols. ed. Jonathan BARNES. Princeton: Princeton University Press 1984.
AVERROES, *Averrois Cordubensis commentarium magnum in Aristotelis de anima libros*. ed. F.S. CRAWFORD. Cambridge, MA: Medieval Academy 1953.
Bernardo C. BAZÁN, "Le dialogue entre Siger de Brabant et Thomas d'Aquin", *Revue philosophique de Louvain* 72 (1974) 53-155
— "*Intellectum Speculativum*: Averroes, Thomas Aquinas and Siger of Brabant on the Intelligible Object", *Journal of the History of Philosophy* 19 (1981) 425-46.
— "The Human Soul: Form and Substance? Thomas Aquinas's Critique of Eclectic Aristotelianism", *Archives d'histoire doctrinale et littéraire du moyen âge* 64 (1997) 95-126.

Deborah L. BLACK, "Consciousness and Self-Knowledge in Aquinas's Critique of Averroes Psychology", *Journal of the History of Philosophy* 31 (1993) 349-85.

Richard DALES, *The Problem of the Rational Soul in the Thirteenth Century*. Leiden: E.J. Brill 1995.

Herbert A. DAVIDSON, *Alfarabi, Avicenna, and Averroes on the Intellect: Their Cosmologies, Theories of the Active Intellect, and Theories of Human Intellect*. Oxford: Oxford University Press 1992.

Alain de LIBERA, *L'unitaté de l'intellect: Commentaire du De unitate intellectus contra averroistas de Thomas d'Aquin*. Paris: J. Vrin 2004.

Tony DODD, *The Life and Thought of Siger of Brabant, Thirteenth-Century Parisian Philosopher*. Lewiston - Queenston - Lampeter: The Edwin Mellen Press 1998.

James DOIG, "Toward Understanding Aquinas' *Com. In De Anima*: A Comparative Study of Aquinas and Averroes on the Definition of the Soul (*De Anima* B, 1-2)", *Rivista di filosofia neoscolastica* 66 (1974) 436-74.

René-Antoine GAUTHIER, "Notes sur Siger de Brabant, I. Siger en 1265", *Revue des sciences philosophiques et théologiques* 67 (1983) 201-32.

— "Notes sur Siger de Brabant, II. Siger en 1272~1275. Aubry de Reims et la scission des Normands", *Revue des sciences philosophiques et théologiques* 68 (1984) 3-49.

— "Introduction", In Sancti Thomae de Aquino, *Sentencia libri de anima*, text of the Leonine edition. Rome - Paris: Commissio Leonina-Vrin, 1984. 1*-294*.

Nogales S. GÓMEZ, "Saint Thomas, Averroès et l'Averroïsme", In *Aquinas and Problems of His Time*. eds. G. VERBEKE and D. VERHELST. Louvain: Leuven University Press 1976, 161-77.

Jorge GRACIA 『스콜라 철학에서의 개체화』 이재룡 · 이재경 옮김, 가톨릭출판사 2003.

Maurice-Ruben HAYOUN and Alain de LIBERA, *Averroès et l'averroïsme*. Paris: PUF 1991.

R. HISSETTE, *Enquête sur les 219 articles condamnés ? Paris le 7 mars 1277*. Louvain - Paris: Publications universitaires Béatrice-Nauwelaerts 1977.

Arthur HYMAN, "Aristotle's Theory of the Intellect and Its Interpretation by Averroes", In *Studies in Aristotle*. ed. D.J. O'MEARA. Washington, D.C.: Catholic University of America Press 1981, 161-91.

Ruedi IMBACH, "L'averroïsme latin du XIIIe siècle", In *Gli Studi di Filosofia Medievale fra Otto et Novecento*. eds. R. IMBACH and A. MAIERÙ. Rome: Editioni di Storia e Letteratura 1991, 191-208.

Anthony KENNY 「아퀴나스의 심리철학」 이재룡 옮김, 가톨릭대학교 출판부 1999.

Wolfgang KLUXEN, "Seele und Unsterblichkeit bei Thomas von Aquin", In *Seele*. ed. Klaus KREMER. Leiden: E.J. Brill 1984, 66-83.

Norman KRETZMANN, "Philosophy of Mind", In *The Cambridge Companion to Aquinas*. eds. N. KRETZMANN and E. STUMP. Cambridge: Cambridge University Press 1993, 128-59.

— *The Metaphysics of Creation. Aquinas's Natural Theology in Summa contra gentiles II*. Oxford: Oxford University Press 1999.

Zdzislaw KUKSEWICZ, *De Siger de Brabant à Jacques de Plaisance. La théorie de l'intellect chez les averroïstes latin XIIIe et XIVe siècle*. Wrocław - Varsovie - Crocovie: Ossolineum, Éditions de l'Académie polonaise des Sciences 1968.

— "The Latin Averroism of the Late Thirteenth Century", In *Averroismus im Mittelalter und im der Renaissance*. eds. F. NIEWÖHNER and L. STURLESE. Zürich: Spur Verlag 1994, 101-13.

Charles LEFÈVRE, "Siger de Brabant a-t-il influencé Saint Thomas? Propos sur la cohérence de l'anthropologie thomiste", *Mélanges de science religieuse* 31 (1977) 203-15.

Edward P. MAHONEY, "Saint Thomas and Siger of Brabant Revisited", *Review of Metaphysics* 27 (1974) 531-53.

— "Sense, Intellect and Imagination in Albert, Thomas, and Siger", In *The Cambridge History of Later Medieval Philosophy*. eds. N. KRETZMANN et al. Cambridge: Cambridge University Press 1982, 602-22.

— "Aquinas's Critique of Averroes's Doctrine of the Unity of the Intellect", In *Thomas Aquinas and His Legacy*. ed. David M. GALLAGHER. Washington, D.C.: The Catholic University of America Press 1994, 83-106.

Pierre MANDONNET, *Siger de Brabant er l'averroïsme latin au XIIIe siècle*. 2e éd. 2 vols. Louvain: Institut supérieur et philosophie de l'université 1908~1911.

Armand MAURER, "Siger of Brabant and Theology", *Mediaeval Studies* 50 (1988) 257-78.

Joseph OWENS, "Soul as Agent in Aquinas", *The New Scholasticism* 48 (1974) 40-72.

— "Aquinas on the Inseparability of Soul from Existence", *The New Scholasticism* 61 (1987) 249-70.

Robert PASNAU, *Thomas Aquinas on Human Nature*. Cambridge: Cambridge University Press 2002.

Anton Charles PEGIS, "St. Thomas and the Unity of Man", In *Progress in Philosophy: Philosophical Studies in Honor of Rev. Doctor Charles A. Hart*. ed. J.A. McWILLIAMS. Milwaukee: The Bruce 1955, 153-73.

— *At the Origins of the Thomistic Notion of Man*. New York: Macmillan 1963.

— *St. Thomas and the Problem of the Soul in the Thirteenth Century*. Toronto: PIMS 1978.

François-Xavier PUTALLAZ, "Le connaissance de soi au moyen âge: Siger de Brabant", *Archives d'histoire doctrinale et littéraire du moyen âge* 59 (1992) 89-157.

— & Ruedi IMBACH, *Profession: Philosophie Siger de Brabant*. Paris: Les Éditions du Cerf 1997.

Richard RUBENSTEIN 「아리스토텔레스의 아이들」 유원기 옮김, 민음사 2004.

Eleonore STUMP, *Aquinas*. London - New York: Routledge 2003.

SIGER OF BRABANT 「시제 브라방과 이중진리론: "지성적 영혼에 관하여" 제7장 번역과 해제」 이재경 역주 『중세철학』 9 (2003) 157-84.

— *Quaestiones in tertium de anima, De anima intellectiva, De aeternitate mundi.* ed. Bernardo C. BAZÁN. Louvain - Paris: Publications universitaires Béatrice-Nauwelaerts 1972.

— *Quaestiones super librum de causis.* Ed A. MARLASCA. Louvain - Paris: Publications universitaires Béatrice-Nauwelaerts 1972.

Richard C. TAYLOR, "Averroes on Psychology and the Principles of Metaphysics" *Journal of the History of Philosophy* 36 (1998) 507-23.

THOMAS AQUINAS 『인간의 사고』 박전규 옮김, 서광사 1984.

— 『신학대전』 1-6, 10-11, 16, 정의채 옮김, 바오로딸 1985~.

— 『존재자와 본질에 대하여』 정달용 · 김진 옮김, 서광사 1995.

— 『존재자와 본질에 대하여』 정의채 옮김, 바오로딸 2004.

— *Scriptum super libros Sententiarum.* 4 vols. eds. P. MANDONNET and M.F. MOOS. Paris: Lethielleux 1929~1942.

— *Summa theologiae.* 5 vols. Ottawa: Collège Dominican 1941~1945.

— *De spiritualibus creaturis.* In *Quaestiones disputatae*, vol. 2. eds. M. CALCATERRA and T.S. CENTI. Turin - Rome: Marietti, 1953.

— *De substantiis separatis.* In *Opuscula philosophica.* ed. R. SPIAZZI. Turin-Rome: Marietti, 1954.

— *Summa contra gentiles.* 3 vols. eds. C. PERA, P. MARC and P. CARAMELLO. Turin: Marietti 1961~1967.

— *De veritate.* In *Quaestiones disputatae.* vol. 1. ed. R. SPIAZZI. Turin - Rome: Marietti, 1964.

— *De ente et essentia.* ed. LEONINE. vol. 43. 1979.

— *Sentencia libri de anima.* ed. LEONINE. vol. 45, 1, 1984.

— *Quaestiones disputatae de anima.* ed. LEONINE, vol. 44, 1, 1996.

Jean-Pierre TORRELL, *Saint Thomas Aquinas.* vol. 1: *The Person and His Work.* trans. Robert ROYAL. Washington, D.C.: Catholic Univ. of America Press 1996.

Fernand VAN STEENBERGHEN, *Maître Siger de Brabant*. Louvain - Paris: Publications universitaires-Vander-Oyez 1977.

— *La philosophie au XIIIe siècle*, 2e éd. Louvain: Éditions de l'Institut supérieur de philosophie-Éditions Peeters 1991.

— 『토마스 아퀴나스와 급진적 아리스토텔레스주의』 이재룡 옮김, 성바오로 2000.

Gerard VERBEKE, "L'unité de l'homme: Saint Thomas contre Averroès", *Revue philosophique de Louvain* 58 (1960) 220-49.

— "Man as a 'Frontier' according to Aquinas", In *Aquinas and Problems of His Time*. eds. G. VERBEKE and D. VERHELST. Louvain: Leuven University Press 1976, 195-223.

— "A Crisis of Individual Consciousness: Aquinas' View", *The Modern Schoolman* 69 (1992) 379-94.

Édouard-Henri WÉBER, *La controverse de 1270 à l'Université de Paris et son retentissement sur la pensée de S. Thomas d'Aquin*. Paris: Vrin 1970.

— "Les discussions de 1270 à l'Université de Paris et leur influence sur la pensée philosophique de S. Thomas d'Aquin", In *Die Auseinandersetzungen an der Pariser Universität im XIII. Jahrhundert*. ed. A. ZIMMERMANN. Berlin - New York: Walter de Gruyter 1976, 285-316.

— *La personne humaine au XIIIe siècle*. Paris: Vrin 1991.

James WEISHEIPL 『토마스 아퀴나스 수사』 이재룡 옮김, 성바오로 1998.

John WIPPEL, "The Condemnations of 1270 and 1277 at Paris", *The Journal of Medieval and Renaissance Studies* 7 (1977) 169-201.

— *Medieval Reactions to the Encounter between Faith and Reason*. Milwaukee: Marquette University Press 1995.

— "Siger of Brabant: What It Means to Proceed Philosophically", In *Was ist Philosophie im Mittelalter?* eds. J.A. AERTSEN and A. SPEER. Berlin - New York: Walter de Gruyter 1998, 490-6.

THOMAS AQUINAS

DE UNITATE INTELLECTUS
contra Averroistas

❖

토마스 아퀴나스
지 성 단 일 성
본문

DE UNITATE INTELLECTUS

CAPITULUM I

1. Sicut omnes homines naturaliter scire desiderant veritatem, ita naturale desiderium inest hominibus fugiendi errores et eos cum facultas adfuerit confutandi. Inter alios autem errores indecentior esse videtur error quo circa intellectum erratur, per quem nati sumus devitatis erroribus cognoscere veritatem. Inolevit siquidem iam dudum circa intellectum error apud multos, ex dictis Averrois sumens originem, qui asserere nititur intellectum quem Aristoteles possibilem vocat, ipse autem inconvenienti nomine materialem, esse quamdam substantiam secundum esse a corpore separatam, nec

---

[1] *Met* 1.1, 980a22.

[2] *DA* 3.4, 429a18-24. 아리스토텔레스의 수동지성(*nous pathetikos*)에 상응하는 용어다.

[3] 한편, 토마스는 다른 곳(*QDA* q.6 ad 11)에서 가능지성 대신에 사용되는 질료지성이라는 용어에 대해 적대적이지 않은 태도를 보인다.

지   성   단   일   성

제1장_아리스토텔레스 해석을 통한 지성분리성 비판

1. 모든 사람이 본성적으로 진리를 알고 싶어 하듯이,[1] 사람에게는 기회가 허락될 때 오류를 피하고 반박하고자 하는 본성적 욕구가 내재되어 있다. 오류 가운데 특히 부적절해 보이는 것은, 우리로 하여금 본성적으로 오류를 피하게 하고 진리를 알도록 하는 지성에 대한 오류다. 지금껏 오랫동안 아베로에스의 견해에서 유래된 지성에 대한 오류는 여러 사람 사이에 만연되어 왔다. 그는 아리스토텔레스가 가능[지성]으로 이름 붙인 지성[2]을 적절치 못한[3] 이름인 질료[지성][4]이라고 부르고, 그 지성을 신체에서 분리되어 존재하는 실체이며 신체에 결코 그것의 형상으로 결합하지 않으며,[5]

---

[4] 알렉산더 아프로디시아스가 '제일질료'(materia prima)와 유사하다는 뜻으로 붙인 이름이다. *De intellectu et intellecto*, in Gabriel Théry, ed., *Autour du decret de 1210: II. Alexandre d'Aphrodise* (Kain, Belgium: Le Saulchoir, 1926) 74: "Intellectus materialis ⋯ scilicet ⋯ quem possibile est fieri intellectum et est quasi materia."

[5] 예컨대, 아베로에스는 질료지성을 신체도 아니고 신체 안에 있는 형상도 아니라고 주장한다. *LCDA* 3.4, 385.78-79: "Ista substantia quae dicitur intellectus materialis neque est corpus neque forma in corpore."

aliquo modo uniri ei ut formam; et ulterius quod iste intellectus possibilis sit unus omnium hominum. Contra quae iam pridem plura conscripsimus; sed quia errantium impudentia non cessat veritati reniti, propositum nostrae intentionis est iterato contra eundem errorem conscribere aliqua quibus manifeste praedictus error confutetur.

2. Nec id nunc agendum est ut positionem praedictam in hoc ostendamus esse erroneam quod repugnat veritati fidei christianae; hoc enim satis in promptu cuique apparere potest. Subtracta enim ab hominibus diversitate intellectus, qui solus inter animae partes incorruptibilis et immortalis apparet, sequitur post mortem nihil de animabus hominum remanere nisi unicam intellectus substantiam; et sic tollitur retributio praemiorum et paenarum et diversitas eorundem. Intendimus autem ostendere positionem praedictam non minus contra philosophiae principia esse quam contra fidei documenta. Et quia quibusdam, ut dicunt, in hac materia verba Latinorum non sapiunt, sed Peripateticorum verba sectari se dicunt, quorum libros numquam in hac materia viderunt nisi Aristotelis, qui fuit sectae peripateticae institutor, ostendemus primo positionem praedictam eius verbis et sententiae repugnare omnino.

---

[6] Cf. *LCDA* 3.5, 406.575-576: "opinati sumus ⋯ quod intellectus materialis est unicus omnibus hominibus."

나아가 이 가능지성이 모든 인간에게 하나[6]뿐이라고 주장하고자 한다. 우리는 이미 이 견해에 반대하는 많은 글을 쓴 바 있다.[7] 그러나 오류를 범한 사람들은 무례하게도 진리를 거스르기를 멈추지 않기 때문에, 이 동일한 오류에 반대하여 다시 한 번 더 글을 씀으로써 그것이 명백하게 반박되도록 하는 것이 우리의 목적이다.

2. 우리는 앞서 언급된 입장이 그리스도교 신앙의 진리를 거스르기 때문에 오류라는 것을 보여 주고자 하지는 않는다. 왜냐하면 이 점은 누구에게나 쉽사리 분명해질 수 있기 때문이다. 실상 우리가 영혼의 일부 가운데 유일하게 불멸하고 불사적인 지성의 다수성을 인간에게서 제거한다면, 인간 영혼 가운데 사후死後에 남는 것은 지성이라는 오직 하나의 실체 이외에 아무것도 없게 되며 결과적으로 상償과 벌을 받는 것 그리고 그것들 간의 차이는 사라지게 될 것이다. 그래서 우리는 앞에서 언급된 입장이 신앙의 가르침들을 거스른다는 점에 못지않게 철학의 원리들을 거스른다는 점을 드러내고자 한다. 그리고 그들이 말하듯이, 이 주제와 연관된 라틴 사람들의 견해에 대해 제대로 알지 못하지만 소요학파 창시자인 아리스토텔레스의 저작 외에 이 주제에 대한 다른 저작을 결코 본 적이 없는 소요학파 사람들의 견해를 따른다고 말하는 사람들이 있기 때문에, 우리는 먼저 앞에서 말한 입장이 그의 말과 생각에 전적으로 반대된다는 점을 드러낼 것이다.

---

[7] *In Sent* 2.17.2.1; *SCG* 2.59-70; *ST* 1.76.1-2; *QDSC* 2와 9; *QDA* 2-3.

3. Accipienda est igitur prima definitio animae quam Aristoteles in II *De anima* ponit, dicens quod anima est "actus primus corporis physici organici". Et ne forte aliquis diceret hanc definitionem non omni animae competere, propter hoc quod supra sub conditione dixerat "Si oportet aliquid commune in omni anima dicere", quod intelligunt sic dictum quasi hoc esse non possit, accipienda sunt verba eius sequentia. Dicit enim "Universaliter quidem igitur dictum est quid sit anima: substantia enim est quae est secundum rationem; hoc autem est quod quid erat esse huiusmodi corpori", id est forma substantialis corporis physici organici.

4. Et ne forte dicatur ab hac universalitate partem intellectivam excludi, hoc removetur per id quod postea dicit "Quod quidem igitur non sit anima separabilis a corpore, aut partes quaedam ipsius si partibilis apta nata est, non immanifestum est: quarumdam enim partium actus est ipsarum. At vero secundum quasdam nihil prohibet, propter id quod nullius corporis sunt actus"; quod non potest intelligi nisi de his quae ad partem intellectivam pertinent, puta intellectus et voluntas. Ex quo manifeste ostenditur illius animae,

---

[8] *DA* 2.1, 412b5.

[9] 토마스의 해석에 의하면, 아리스토텔레스는 영혼에 대해 두 가지 정의를 내리고 있다. 아리스토텔레스의 두 번째 정의는 *DA* 2.4, 414a12-14 참조.

[10] *DA* 2.1, 412b4.

[11] 이런 해석은 아베로에스의 *LCDA* 1.7, 138.15-19와 3.5, 397.295-298에 드러난다.

3. 우리는 아리스토텔레스가 『영혼론』 제2권에서 내린 영혼은 "기관器官을 가진 물리적 신체의 제일 현실태"[8]라는 영혼의 첫째 정의[9]를 채택해야 한다. 그리고 그들은 그가 앞서 "모든 영혼에 공통적으로 적용되는 어떤 것이 있다고 말해야 한다면"[10]이라고 말한 조건문을 마치 이것이 가능하지 않다는 의미로 이해하기 때문에,[11] 이 정의가 모든 영혼에 적용되지 않는다고 말하지 못하도록 하기 위해서는 다음에 오는 그의 말을 다루어야 한다. 그 이유는 그가, "영혼이 무엇인가[에 대한 문제는] 보편적 방식으로 언급되어 왔다. 그것은 근거[12]라는 의미에서 실체다. 이것은 이런 종류의 신체의 본질",[13] 즉, 기관을 가진 물리적 신체의 실체적 형상이라고 말하는 데 있다.

4. 그리고 그는, 혹시라도 지성적인 부분이 이런 보편적 정의에서 배제된다고 말하지 못하도록, 이후에 다음과 같이 말한다. "따라서 영혼이 그 신체에서 분리될 수 없다는 점, 또는 그 영혼이 부분을 갖고 있다면 어떠한 부분도 신체에서 분리될 수 없다는 점은 실로 분명하다. 왜냐하면 그것은 어떤 부분들의 현실태이기 때문이다. 그러나 신체의 현실태가 아니기 때문에 분리될 수 있는 부분들도 있다."[14] 이 점은 단지 지성과 의지처럼 지성적 부분에 속하는 것들을 통해서만 이해될 수 있다. 이 사실로 미루어

---

[12] '근거'로 옮기고 있는 라틴어 ratio는 그리스어 *logos*의 번역어다. 한편, 리베라(Libera)는 토마스의 용어 사용법에서 ratio, quidditas, forma substantialis는 모두 형상(forma)과 일치한다고 해석한다. A. de Libera, *L'unité de l'intellect contre les averroïstes, suivi des Textes contre Averroès antérieurs à 1270* (Paris: GF-Flammarion 1994) 203-4 참조.

[13] *DA* 2.1, 412b8-12.

[14] *DA* 2.1, 413a4-7.

quam supra universaliter definiverat dicens eam esse corporis actum, quasdam partes esse quae sunt quarumdam partium corporis actus, quasdam autem nullius corporis actus esse. Aliud enim est animam esse actum corporis, et aliud partem eius esse corporis actum, ut infra manifestabitur. Unde et in hoc eodem capitulo manifestat animam esse actum corporis per hoc quod aliquae partes eius sunt corporis actus, cum dicit "Considerare oportet in partibus quod dictum est", scilicet in toto.

5. Adhuc autem manifestius ex sequentibus apparet quod sub hac generalitate definitionis etiam intellectus includitur, per ea quae sequuntur. Nam cum satis probaverit animam esse actum corporis quia separata anima non est vivens in actu, quia tamen aliquid potest dici actu tale ad praesentiam alicuius, non solum si sit forma sed etiam si sit motor, sicut combustibile ad praesentiam comburentis actu comburitur, et quodlibet mobile ad praesentiam moventis actu movetur: posset alicui venire in dubium utrum corpus sic vivat actu ad praesentiam animae sicut mobile movetur actu ad praesentiam motoris, an sicut materia est in actu ad praesentiam formae; et praecipue quia Plato posuit animam non uniri corpori ut formam, sed magis ut motorem et rectorem, ut patet per Plotinum

---

[15] *DUI* 1장 (27-28번) 참조.

[16] *DA* 2.1, 412b17. 직역: "여기서 부분에 관해 언급된 것을 전체 안에서 고찰해야 한다."

아리스토텔레스가 앞에서 신체의 현실태라고 보편적 방식으로 정의한 그 영혼에는 신체 일부의 현실태인 부분들도 있고 어떠한 신체의 현실태도 되지 못하는 부분들도 있음은 분명하다. 이후 밝혀지겠지만[15] 영혼이 신체의 현실태라는 점은 그 영혼의 일부가 신체의 현실태라는 점과는 별개다. 그러므로 그는 같은 장章에서 "부분들에 대해 언급된 것을", 즉 전체 안에 "적용해야 한다"[16]고 말하면서, 영혼의 어떤 부분들이 신체의 현실태라는 점으로 말미암아 영혼이 신체의 현실태라는 점을 드러낸다.

5. 하지만 지성 역시 이런 일반적 정의 안에 포함된다는 점은 다음의 사실로 미루어 더욱 분명해진다. 그[아리스토텔레스]는, 영혼이 신체에서 분리될 때 그 신체가 현실태로 살아 있지 않게 된다는 이유로 인해 영혼이 신체의 현실태라는 점을 충분히 입증했다. 그럼에도 마치 불에 타기 쉬운 물질은 불이 붙어 타는 물질이 있음으로 인해 현실태로 타게 되고, 움직일 수 있는 것은 움직이게 하는 것이 있음으로써 현실태로 움직여지는 것처럼, 무언가가 형상일 뿐 아니라 움직이게 하는 것이라면 다른 무언가는 전자가 있음으로써 현실태에 있게 된다고 말할 수 있다. 이런 이유로 인해, 영혼이 있음으로 인해 신체가 현실태로 살아 있게 되는 사실은 움직일 수 있는 것이 움직이게 하는 것이 있음으로써 현실태로 움직여지는 것과 같은 이치인지 아니면 형상이 있음으로 인해 질료가 현실태로 있게 되는 것과 같은 이치인지에 대해 의심을 품는 이가 있을 수 있다. 그리고 이런 의심은 특히 영혼이 신체에 형상으로서가 아니라 움직이게 하는 것과 지배하는 것으로서 결합된다는 플라톤의 주장으로 인해 생길 수 있다. 이 점은 플로티누스[17]▶와 니사의 그레고리우스[18]▶에게도 분명히 드러나는데, 나는

et Gregorium Nyssenum, quos ideo induco quia non fuerunt Latini sed Graeci. Hanc igitur dubitationem insinuat Philosophus cum post praemissa subiungit "Amplius autem immanifestum si sic corporis actus anima sicut nauta navis".

6. Quia igitur post praemissa adhuc hoc dubium remanebat, concludit "Figuraliter quidem igitur sic determinetur et describatur de anima", quia scilicet nondum ad liquidum demonstraverat veritatem.

Ad hanc igitur dubitationem tollendam, consequenter procedit ad manifestandum id quod est secundum se et secundum rationem certius, per ea quae sunt minus certa secundum se sed magis certa quoad nos, id est per effectus animae qui sunt actus ipsius. Unde statim distinguit opera animae, dicens quod "animatum distinguitur ab inanimato in vivendo", et quod multa sunt quae pertinent ad vitam, scilicet "intellectus, sensus, motus et status secundum locum", et motus nutrimenti et augmenti, ita quod cuicumque inest aliquid horum dicitur vivere. Et ostenso quomodo ista se habeant ad invicem, id est qualiter unum sine altero horum possit esse, con-

---

[17] *DUI* 3장 (76번) 참조.

[18] 여기서 토마스는 *DUI* 3장의 76-78번에서 인용한 구절을 염두에 두고 있는 듯하다.

[19] 중세에 공인된 '철학자'(Philosophus) 아리스토텔레스를 가리키는 말이다.

[20] *DA* 2.1, 413a8-9.

그들이 라틴 사람들이 아니라 그리스 사람들이기 때문에 언급한다. 그러므로 철학자[아리스토텔레스][19]는 앞서 한 말 다음에 "더욱이 영혼이 신체의 현실태라는 점은 선원이 배의 현실태인 것과 같은 방식으로 설명될 수 있는지에 대해서는 불확실하다"[20]라고 덧붙이면서 이런 의심을 암시하고 있다.

6. 따라서 그는 그렇게 말한 다음에도 이런 의심이 여전히 남아 있기 때문에, "그러므로 영혼은 실로 개괄적으로[21] 규정되고 기술된다"[22]고 결론 내린다. 그 이유는 그가 아직 진리를 명백하게 증명하지 않았기 때문이다.[23]

그러므로 그는 그다음에 이런 의심을 제거하기 위해, 그 자체로 그리고 개념적으로 좀 더 확실한 것을, 그 자체로는 덜 확실하지만 우리에게는 좀 더 확실한 것들, 즉 영혼의 결과인 활동들을 통해 드러내고자 한다.[24] 그래서 그는 그런 다음 바로 영혼의 작용을 분류하면서, "영혼을 가진 것은 살아 있다는 점에서 영혼을 가지고 있지 않은 것과 구별되며", 생명과 관련된 다양한 것, 즉 "지성, 감각, 운동, 그리고 장소에 의거한 위치" 그리고 영양을 공급하며 성장하게 하는 운동이 있으므로 이런 것들 가운데 하나가 발견되는 것은 생명을 가지고 있다고 말한다.[25] 그는 이런 것들이 어떻게 상호 연관되는가, 즉 이런 것들 중 하나가 다른 것 없이도 존재할 수 있

---

[21] 직역: '비유적으로.'

[22] *DA* 2.1, 413a9-10.

[23] 토마스의 해석에 따르면, 아리스토텔레스는 『영혼론』 제2권 1장에서 내린 영혼에 대한 정의가 비본질적이고(extrinsece), 피상적이며(superficialiter), 불완전하다(incomplete)고 고백한다. 참조: *In DA* 2.2, 158-164.

[24] *DA* 2.2, 413a11-13.

[25] *DA* 2.2, 413a21-25.

cludit in hoc quod anima sit omnium praedictorum principium, et quod anima "determinatur – sicut per suas partes – vegetativo, sensitivo, intellectivo, motu", et quia haec omnia contingit in uno et eodem inveniri, sicut in homine.

7. Et Plato posuit diversas esse animas in homine, secundum quas diversae operationes vitae ei conveniant. Consequenter dubitationem movet "Utrum unumquodque horum sit anima" per se, vel sit aliqua pars animae; et si sint partes unius animae, utrum differant solum secundum rationem, aut etiam differant loco, id est organo. Et subiungit quod "de quibusdam non difficile" hoc videtur, sed quaedam sunt quae dubitationem habent. Ostendit enim consequenter quod manifestum est de his quae pertinent ad animam vegetabilem, et de his quae pertinent ad animam sensibilem, per hoc quod plantae et animalia quaedam decisa vivunt, et in qualibet parte omnes operationes animae quae sunt in toto apparent. Sed de quibus dubitationem habeat, ostendit subdens quod "de intellectu et perspectiva potentia nihil adhuc manifestum est". Quod non dicit volens ostendere quod intellectus non sit anima, ut Commentator perverse exponit et sectatores ipsius: manifeste enim hoc respondet ad

---

[26] *DA* 2.2, 413b11-13.   [27] *DA* 2.2, 413b32.

[28] 플라톤 『국가』 4, 435b-442a 참조. 한편, 아리스토텔레스는 이러한 플라톤의 견해를 *DA* 1.3, 407a4-6에서, 아베로에스는 *LCDA* 1.90, 121.8-13에서 설명한다.

[29] '이성에 의해서만'이라고도 번역될 수 있다.

는가에 대해 보여 준 다음, 영혼이 앞서 말한 모든 것의 원리이고, 영혼이 "마치 그것의 부분들과 같은 생장적인, 감각적인, 지성적인 그리고 운동적인 것에 의해 규정되며",[26] 이 모든 것이 인간처럼 동일한 것 안에 발견된다고 결론 내린다.[27]

7. 그리고 플라톤은 다양한 생명 작용이 인간에게 속하는 한 인간에게 다양한 영혼이 있다고 주장했다.[28] 결과적으로 그[아리스토텔레스]는 "이런 각각의 것이" 그 자체로 "영혼인지" 아니면 영혼의 일부인지라는 질문을 제기했다. 또한 각각의 것이 하나의 영혼의 부분이라면, 그것들이 개념적으로만[29] 다른지, 아니면 장소의 측면, 즉 기관器官의 측면에서 다른지라는 질문을 제기했다. 그리고 그는 이것이 "어떤 경우에 어렵게 보이지 않지만" 의심을 불러일으키는 경우들도 있다고 덧붙여 말한다.[30] 실상 그는 다음 기회에 어떤 식물과 동물이 절단된 후에도 생명을 유지할 수 있고 전체에 속한 영혼의 모든 작용이 각각의 부분에 나타난다는 사실을 통해 생장혼生長魂[31]과 감각혼感覺魂[32]에 속한 분명한 점을 보여 준다.[33] 그는 "지성과 사변 능력에 관해서 어떠한 것도 아직 분명하지 않다"[34]라고 덧붙일 때, 어떤 점이 의문스러운지를 보여 준다. 그는 이 말을 통해 주석가[아베로에스][35]와 그의 추종자들이 곡해한 것처럼[36] 지성이 영혼이 아니라는 점을 보여 주려고 한 것은 아니다. 그는 앞에서 말한 것에 대해, "사실 어떤 것들

---

[30] DA 2.2, 413b13-17.
[31] 식물혼을 가리킨다.   [32] 동물혼을 가리킨다.
[33] DA 2.2, 413b16-21.   [34] DA 2.2, 413b24-25.
[35] 중세에 아리스토텔레스 '주석가'(Commentator)로 공인된 아베로에스를 가리킨다.
[36] LCDA 2.21, 160.6-15.

id quod supra dixerat "Quaedam enim dubitationem habent." Unde intelligendum est: nihil adhuc manifestum est, an intellectus sit anima vel pars animae; et si pars animae, utrum separata loco, vel ratione tantum.

8. Et quamvis dicat hoc adhuc non esse manifestum, tamen quid circa hoc prima fronte appareat manifestat subdens "Sed videtur genus alterum animae esse". Quod non est intelligendum, sicut Commentator et sectatores eius perverse exponunt, ideo dictum esse quia intellectus aequivoce dicatur anima, vel quod praedicta definitio sibi aptari non possit; sed qualiter sit hoc intelligendum apparet ex eo quod subditur "Et hoc solum contingere separari sicut perpetuum a corruptibili". In hoc ergo est alterum genus, quod intellectus videtur esse quoddam perpetuum, aliae autem partes animae corruptibiles. Et quia corruptibile et perpetuum non videntur in unam substantiam convenire posse, videtur quod hoc solum de partibus animae, scilicet intellectus, contingat separari, non quidem a corpore, ut Commentator perverse exponit, sed ab aliis partibus animae, ne in unam substantiam animae conveniant.

---

[37] *DA* 2.2, 413b16.

[38] *DA* 2.2, 413b25-26.

[39] *LCDA* 2.21, 160.25-27.

은 의심을 불러일으킨다"[37]라고 분명하게 답하고 있기 때문이다. 따라서 이것은 다음과 같이 이해되어야 한다: 지성이 영혼이나 영혼의 일부인지 아직 분명하지 않다. 그리고 영혼의 일부라면, 장소의 측면에서 분리되는지 아니면 개념적으로만 분리되는지 아직 분명하지 않다.

8. 그리고 그는 이것이 아직 분명하지 않다고 말하면서도, "그러나 그것은 영혼의 다른 종류인 것처럼 보인다"[38]라고 부언할 때는 이것에 대해 언뜻 보아서 명백하게 보이는 점을 드러낸다. 이것은 주석가와 그의 추종자들에 의해 곡해된 것처럼,[39] 즉 지성은 다의多義적으로[40] 영혼이라 불리거나, 앞에서 언급된 정의가 그것에 적용될 수 없는 것처럼 이해되어서는 안 된다. 오히려 이것을 이해하기 위한 방식은 그가 "영원한 것이 소멸될 수 있는 것에서 분리되듯이, 그것만이 분리된다"[41]라고 부언한 곳에서 드러난다. 따라서 이런 측면에서 지성은 영원한 것처럼 보이는 반면 영혼의 다른 부분들은 소멸될 수 있기 때문에, 지성은 다른 종류다. 그리고 소멸될 수 있는 것과 영원한 것은 하나의 실체에 결합될 수 없는 것처럼 보인다. 이런 까닭에 주석가가 곡해하듯이[42] 영혼의 부분 중에서 단지 이 부분, 즉 지성은 신체에서 실제로 분리되는 것이 아니라, 그것들[영원한 것과 소멸될 수 있는 것]이 영혼이라는 하나의 실체에 결합되지 않도록 영혼의 다른 부분에서 분리되는 것처럼 보인다.

---

[40] 아베로에스는 영혼의 정의가 인간 영혼의 일부분이 아닌 지성에 적용될 수 없기 때문에 각기 다른 영혼에 다양한 방식으로 적용될 수밖에 없다고 한다. 따라서 그는 다음과 같이 말한다: "이성적 영혼과 영혼의 나머지 능력들 안에 있는 완성은 거의 완전한 다의성으로 말해진다. 즉, 영혼이 보편적인 정의를 가진다는 점에 대해 의심을 표현할 수 있다." 참조: *LCDA* 2.7, 138.18-19; 2.21, 160.6-27.

[41] *DA* 2.2, 413b25-26.   [42] *LCDA* 2.21, 160.30.

9. Et quod sic sit intelligendum patet ex eo quod subditur "Reliquae autem partes animae manifestum est ex his quod non separabiles sunt", scilicet substantia animae vel loco. De hoc enim supra quaesitum est, et hoc ex supradictis probatum est. Et quod non intelligatur de separabilitate a corpore sed de separabilitate potentiarum ab invicem, patet per hoc quod subditur "Ratione autem quod alterae", scilicet sunt ad invicem, "manifestum: sensitivo enim esse et opinativo alterum". Et sic manifeste quod hic determinatur respondet quaestioni supra motae: supra enim quaesitum est, utrum una pars animae ab alia separata sit ratione solum, aut etiam loco. Hic dimissa quaestione ista quantum ad intellectum, de quo nihil hic determinat, de aliis partibus animae dicit manifestum esse quod non sunt separabiles, scilicet loco, sed sunt alterae ratione.

10. Hoc ergo habito quod anima determinatur vegetativo, sensitivo, intellectivo et motu, vult ostendere consequenter quod, quantum ad omnes istas partes, anima unitur corpori non sicut nauta navi sed sicut forma. Et sic certificatum erit quid sit anima in communi, quod supra figuraliter tantum dictum est. Hoc autem probat per operationes animae sic: manifestum est enim quod illud quo primo aliquid operatur est forma operantis, sicut dicimur scire anima et scire scientia, per prius autem scientia quam anima, quia per

---

[43] *DA* 2.2, 413b27-29.   [44] *DA* 2.2, 413b29-30.

9. 그리고 그것이 이런 식으로 이해되어야 한다는 사실은, 그가 "이 말로 보아 영혼의 나머지 부분들이" 영혼의 실체나 장소의 측면에서 "분리될 수 없음은 분명하다"[43]고 부언하는 데서 드러난다. 이 질문은 앞서 제기되었고, 방금 말한 것에서 입증되었다. 그리고 그것이 신체에서의 분리 가능성이 아니라 능력들 상호 간의 분리 가능성으로 이해되어야 함은 그의 다음 부언으로 미루어 보아 명백하다. "그것들이 개념적으로 다르다는 점", 즉 상호 간에 다르다는 점은 "분명하다. 왜냐하면 감각 작용은 의견을 지니는 작용과 다르기 때문이다."[44] 그러므로 앞서 제기된 질문에 대한 대답이 여기서 분명하게 정해진다. 그 질문은 영혼의 한 부분이 다른 부분과 단지 개념적으로만 분리되는지 아니면 장소의 측면에서 분리되는지에 대한 것이었다. 여기서 그는, 아무것도 정해지지 않은 지성에 대한 그 질문을 제쳐 놓고 영혼의 나머지 부분들이 장소의 측면에서 분리될 수 있는 것이 아니라 개념적으로 다르다고 말한다.

10. 그러므로 그는 영혼이 생장적·감각적·지성적·운동적 부분에 의해 정해진다는 점을 입증한 다음, 그 모든 부분에 대해 영혼이 신체에 대해 배에 대한 선원의 관계가 아니라 형상으로 결합된다는 점을 보여 주고자 한다. 따라서 앞에서 개괄적으로만[45] 설명된, 영혼의 공통적 의미가 무엇인지 입증될 것이다. 그런데 그는 이 점을 영혼의 작용을 통해 다음과 같이 입증한다: 무엇을 우선적으로 작용하도록 하는 것은 작용하는 것의 형상임이 분명하다. 가령, 우리는 영혼을 통해서뿐 아니라 지식을 통해서도 알게 되지만 영혼보다는 먼저 지식을 통해서 알게 된다고 할 수 있다. 왜

---

[45] 직역: '비유적으로만.'

animam non scimus nisi in quantum habet scientiam; et similiter sanari dicimur et corpore et sanitate, sed prius sanitate. Et sic patet scientiam esse formam animae, et sanitatem corporis.

11. Ex hoc procedit sic: "Anima est primum quo vivimus", quod dicit propter vegetativum, "quo sentimus", propter sensitivum, "et movemur", propter motivum, "et intelligimus", propter intellectivum; et concludit "Quare ratio quaedam utique erit et species, sed non ut materia et ut subiectum". Manifeste ergo quod supra dixerat, animam esse actum corporis physici, hic concludit non solum de vegetativo, sensitivo et motivo, sed etiam de intellectivo. Fuit ergo sententia Aristotelis quod id quo intelligimus sit forma corporis physici. Sed ne aliquis dicat: id quo intelligimus non dicit hic intellectum possibilem, sed aliquid aliud, manifeste hoc excluditur per id quod Aristoteles in III *De anima* dicit, de intellectu possibili loquens "Dico autem intellectum, quo opinatur et intelligit anima".

12. Sed antequam ad verba Aristotelis quae sunt in III *De anima* accedamus, adhuc amplius circa verba ipsius in II *De anima* immoremur, ut ex collatione verborum eius ad invicem appareat quae

---

[46] *DA* 2.2, 414a4-12.

[47] *DA* 2.2, 414a12-14.

[48] *DA* 3.4, 429a23.

냐하면 영혼이 지식을 가지고 있지 않은 한 우리가 영혼을 통해 알지 못하기 때문이다. 마찬가지로 우리는 신체와 건강 둘 다를 통해 치료되지만 우선적으로 건강을 통해 치료된다고 말한다. 그래서 건강이 신체의 형상이듯이 지식은 영혼의 형상임이 분명하다.[46]

11. 그는 계속하여 이것으로부터 "영혼은" 그가 생장 능력 때문에 언급하는 "우리로 하여금 생명을 가지게 하고", 감각 능력 때문에 [언급하는] "우리로 하여금 감각 작용을 하게 하며", 운동 능력 때문에 [언급하는] "우리로 하여금 움직이도록 하며", 그리고 지성 능력 때문에 [언급하는] "우리로 하여금 사고 작용을 하도록 하는 제일원리다"라고 말한다. 그리고 그는 "그래서 영혼은 의문의 여지 없이 어떤 근거이자 형상이지만 질료와 주체와 같은 것은 아닐 것이다"라고 결론짓는다.[47] 따라서 그가 앞에서 말한 영혼이 물리적 신체의 현실태라는 점은 여기서 생장 능력, 감각 능력 그리고 운동 능력뿐 아니라 지성 능력에 대해서도 추론될 수 있음이 분명하다. 그러므로 우리로 하여금 사고 작용을 하도록 하는 것이 물리적 신체의 형상이라는 점이 아리스토텔레스가 말하고자 하는 바였다. 그러나 여기서 우리로 하여금 사고 작용을 하도록 하는 것은 가능지성이 아니라 다른 어떤 것을 의미한다고 말한다면, 이 점은 아리스토텔레스가 『영혼론』 제3권에서 가능지성에 대해 "그런데 나는 영혼으로 하여금 판단하고 사고 작용을 하는 것을 지성이라고 말한다"라고 언급함으로써 분명히 배제된다.[48]

12. 그러나 우리는 『영혼론』 제3권에 있는 아리스토텔레스의 말을 다루기 전에, 그의 말들을 서로 비교함으로써 영혼에 대한 그의 견해가 무엇이었는지 분명해지도록 『영혼론』 제2권에 있는 그의 말에 대해 좀 더 곰곰이

fuerit eius sententia de anima. Cum enim animam in communi definivisset, incipit distinguere potentias eius; et dicit quod potentiae animae sunt "vegetativum, sensitivum, appetitivum, motivum secundum locum, intellectivum". Et quod intellectivum sit intellectus, patet per id quod postea subdit, divisionem, explanans "Alteris autem intellectivum et intellectus, ut hominibus". Vult ergo quod intellectus est potentia animae quae est actus corporis.

13. Et quod huius animae potentiam dixerit intellectum, et iterum quod supra posita definitio animae sit omnibus praedictis partibus communis, patet per id quod concludit "Manifestum igitur est quoniam eodem modo una utique erit ratio animae et figurae: neque enim ibi figura est praeter triangulum et quae consequenter sunt, neque hic anima praeter praedictas est". Non est ergo quaerenda alia anima praeter praedictas, quibus communis est animae definitio supra posita. Neque plus de intellectu mentionem facit Aristoteles in hoc secundo, nisi quod postmodum subdit quod "ultimum et minimum" dicit esse "ratiocinationem et intellectum", quia scilicet in paucioribus est, ut per sequentia apparet.

---

[49] *DA* 2.3, 414a31-2.

[50] *DA* 2.3, 414b18.

생각해야 한다. 왜냐하면 그는 영혼 일반에 대해 정의 내리면서 그것의 능력을 구별하기 시작하며, 영혼의 능력들이 "생장 능력, 감각 능력, 욕구 능력, 장소 이동 능력, 사고 능력"[49]이라고 말하기 때문이다. 그리고 사고 능력이 지성이라는 점은 그가 그 구분에 대해 설명하면서 "그러나 인간처럼 다른 [존재]에도 사고 능력과 지성이 있다"[50]고 덧붙여 말하는 데서 드러난다. 그러므로 그는 지성을 신체의 현실태인 영혼의 능력이라고 주장한다.

13. 그리고 그가 지성을 이런 영혼의 능력이라고 언급한다는 점, 그리고 또 앞에서 설정된 영혼의 정의가 이전에 언급된 모든 부분에 공통된 것이라는 점은 그가 다음과 같이 결론 내리는 것으로 보아 분명하다. "그러므로 단 하나의 정의가 도형에 주어질 수 있는 것과 동일한 방식으로 단 하나의 정의가 영혼에 주어질 수 있음은 분명하다. 왜냐하면 삼각형과 그에 따르는 나머지 도형 외에 도형은 존재하지 않듯이, 여기서 이전에 언급된 부분들 외에 영혼은 존재하지 않기 때문이다."[51] 그러므로 우리는 언급된 것들을 넘어 앞에서 설정된 영혼의 정의가 공통적으로 적용되는 별개의 영혼을 추구해서는 안 된다. 아리스토텔레스는 제2권에서 다음 말을 제외하고는 지성에 대해 더 언급하지 않는다. "마지막으로 그리고 아주 드물게, 추론과 지성이 있다."[52] 왜냐하면 뒤따르는 말에서 밝혀지듯이 그것들은 소수少數의 존재에만 있기 때문이다.

---

[51] DA 2.3, 414b19-22.

[52] *DA* 2.3, 415a7.

14. Sed quia magna differentia est quantum ad modum operandi inter intellectum et imaginationem, subdit quod "de speculativo intellectu altera ratio est". Reservat enim hoc inquirendum usque ad tertium. Et ne quis dicat, sicut Averroes perverse exponit, quod ideo dicit Aristoteles quod de intellectu speculativo est alia ratio, quia intellectus "neque est anima neque pars animae": statim hoc excludit in principio tertii, ubi resumit de intellectu tractatum. Dicit enim "De parte autem animae qua cognoscit anima et sapit". Nec debet aliquis dicere quod hoc dicatur solum secundum quod intellectus possibilis dividitur contra agentem, sicut aliqui somniant; hoc enim dictum est antequam Aristoteles probet esse intellectum possibilem et agentem: unde intellectum dicit hic partem in communi, secundum quod continet et agentem et possibilem, sicut supra in secundo manifeste distinxit intellectum contra alias partes animae, ut iam dictum est.

15. Est autem consideranda mirabilis diligentia et ordo in processu Aristotelis: ab his enim incipit in tertio tractare de intellectu quae in secundo reliquerat indeterminata. Duo autem supra reliquerat indeterminata circa intellectum. Primo quidem utrum intellectus ab

---

[53] 영혼의 능력들 가운데 하나로서, phantasia와 같은 의미로 사용된다. 이것은 감각(sensus)이나 지성(intellectus)과 구별되는 독특한 능력이다. 토마스는 외적 감각과 구분되는 내적 감각들 가운데 하나라고 분류한다.

[54] *DA* 2.3, 415a11-12.

[55] *LCDA* 2.32, 178.34-35.

14. 그러나 그는, 지성과 상상력[53]의 작용 방식 사이에 큰 차이가 있기 때문에 "사변지성에 대한 설명은 별개다"[54]라고 덧붙인다. 사실 그는 이 탐구를 제3권까지 미룬다. 그리고 아리스토텔레스가 사변지성에 대한 설명은 별개라고 하는 이유를 아베로에스가 곡해한 것처럼 지성이 "영혼도 영혼의 일부도 아니기"[55] 때문이라고 말하지 않도록 하기 위해, 그[아리스토텔레스]는 지성에 대해 재론하는 제3권의 초반부[56]에서 이것을 즉시 배제한다. 그는 "영혼으로 하여금 인식하고 이해하도록 하는 영혼의 일부분에 관하여"[57]라고 말하기 때문이다. 혹자가 헛되게 상상하는 것처럼, [아리스토텔레스가] 이 점을 가능지성이 능동지성과 구별되는 한에 있어서만 언급한다고 말해서는 안 된다. 이 점은 아리스토텔레스가 가능지성과 능동지성이 있음을 입증하기 전에 말한 것이기 때문이다. 그러므로 이미 말한 바와 같이, 그가 제2권에서 지성을 영혼의 나머지 부분과 분명하게 구별한 것처럼, 여기서 능동지성과 가능지성 둘 다를 포함하는 한에서 그 부분을 지성 일반이라고 말하고 있다.

15. 더구나 아리스토텔레스의 설명 과정이 놀랄 만큼 세심하며 정돈되어 있다는 점을 고려해야 한다. 실상 그는 제2권에서 해결되지 않은 채로 남겨 둔 지성에 대한 [문제]들을 제3권에서 다루기 시작한다. 그는 이전에 지성에 대해 두 가지 점을 해결하지 않은 채 남겨 두었다. 첫째, 지성이 영혼

---

[56] 오늘날 통용되는 베커(Bekker) 판에서는 3권 4장에 해당하는 부분이다. 하지만 토마스는 여기서 아랍 사람들이 사용하는 분류법을 따르고 있다. 예컨대, 아베로에스의 『영혼론 대주해』에는 429a9에서 2권이 끝나고, 429a10부터 3권이 시작되는 것으로 나와 있다.

[57] DA 3.4, 429a10-11.

aliis partibus animae separetur ratione solum, aut etiam loco: quod quidem indeterminatum dimisit cum dixit "De intellectu autem et perspectiva potentia nihil adhuc manifestum est". Et hanc quaestionem primo resumit cum dicit "Sive separabili existente", scilicet ab aliis animae partibus, "sive non separabili secundum magnitudinem, sed secundum rationem". Pro eodem enim accipit hic separabile secundum magnitudinem, pro quo supra dixerat separabile loco.

16. Secundo, indeterminatum reliquerat de differentia intellectus ad alias animae partes, cum postmodum dixit "De speculativo autem intellectu altera ratio est". Et hoc statim quaerit cum dicit "Considerandum quam habet differentiam". Hanc autem differentiam talem intendit assignare, quae possit stare cum utroque praemissorum, scilicet sive sit separabilis anima magnitudine seu loco ab aliis partibus, sive non; quod ipse modus loquendi satis indicat. Considerandum enim dicit quam habet intellectus differentiam ad alias animae partes, sive sit separabilis ab eis magnitudine seu loco, id est subiecto, sive non, sed secundum rationem tantum. Unde manifestum est quod non intendit hanc differentiam ostendere, quod sit substantia a corpore separata secundum esse, hoc enim non posset salvari cum utroque praedictorum; sed intendit assi-

---

[58] *DA* 2.2, 413b24-25.   [59] *DA* 3.4, 429a11-12.
[60] *DA* 2.3, 415a11-12.

의 다른 부분과 개념적으로만 분리되는지 아니면 장소의 측면에서도 분리되는지에 관한 것인데, 그는 "지성과 사변 능력에 관해서 어떠한 것도 아직 분명하지 않다"[58]고 말하면서 이 점을 미해결 과제로 남겨 두었다. 그리고 "그것이 영혼의 다른 부분들에서 분리되어 존재할 수 있는지, 아니면 크기에 의해서 분리될 수 없지만 개념적으로만 분리될 수 있는지"[59]라고 말하면서 먼저 이 질문을 다시 끄집어낸다. 여기서 크기에 의해서 분리될 수 있다는 것은 앞에서 말했던 장소의 측면에서 분리될 수 있다는 것과 동일한 의미다.

16. 둘째, 그는 나중에 "그러나 사변지성에 대한 설명은 별개다"[60]라고 말하면서 지성과 영혼의 다른 부분과의 차이에 대한 [문제를] 해결하지 않은 채 남겨 두었다. 그리고 그는 "그 차이가 무엇인지 탐구되어야 한다"[61]고 말하면서 이것에 대한 탐구를 즉시 시작한다. 그는 그러한 차이를 그것[지성]이 크기나 장소의 측면에서 다른 부분에서 분리될 수 있는지, 아니면 분리될 수 없는지라는 두 가지 대안 모두와도 양립할 수 있는 것으로 표현하려고 시도한다. 그러한 표현 방식 자체는 이 점을 충분히 드러낸다. 왜냐하면 그는 지성이 영혼의 나머지 부분과의 차이가 무엇인지, 그것이 크기나 장소, 즉 주체의 측면에서 그것들에서 분리될 수 있는지, 아니면 그러한 방식이 아니라 개념적으로만 분리될 수 있는지에 대해 탐구해야 한다고 말하기 때문이다.[62] 그러므로 그는 그러한 차이를 통해 지성이 신체에서 분리되어 존재하는 실체라는 점을 보여 줄 의도를 가지고 있지 않음은 분명하다. 이 점은 두 대안과 양립 가능하지 않기 때문이다. 그러나 오

---

[61] *DA* 3.4, 429a12.   [62] *DA* 3.4, 429a12-13.

gnare differentiam quantum ad modum operandi: unde subdit "Et quomodo fit quidem ipsum intelligere". Sic igitur per ea quae ex verbis Aristotelis accipere possumus usque huc, manifestum est quod ipse voluit intellectum esse partem animae quae est actus corporis physici.

17. Sed quia ex quibusdam verbis consequentibus Averroistae accipere volunt intentionem Aristotelis fuisse, quod intellectus non sit anima quae est actus corporis, aut pars talis animae: ideo etiam diligentius eius verba sequentia consideranda sunt. Statim igitur post quaestionem motam de differentia intellectus et sensus, inquirit secundum quid intellectus sit similis sensui, et secundum quid ab eo differat. Duo enim supra de sensu determinaverat, scilicet quod sensus est in potentia ad sensibilia, et quod sensus patitur et corrumpitur ab excellentiis sensibilium. Hoc ergo est quod quaerit Aristoteles dicens "Si igitur est intelligere sicut sentire, aut pati aliquid utique erit ab intelligibili", ut scilicet sic corrumpatur intellectus ab excellenti intelligibili sicut sensus ab excellenti sensibili, "aut aliquid huiusmodi alterum": id est aut intelligere est aliquid huiusmodi simile, scilicet ei quod est sentire, alterum tamen quantum ad hoc quod non sit passibile.

---

[63] *DA* 3.4, 429a13.

[64] *DA* 2.5, 417b18.

히려 그는 차이를 작용 방식에 따라 표현하고자 한다. 따라서 그는 "그리고 사고 작용은 과연 어떻게 일어나는가?"[63]라고 덧붙인다. 그러므로 우리가 지금까지 아리스토텔레스의 말에서 파악한 것으로 미루어 보아 그가 지성을 물리적 신체의 현실태인 영혼의 일부라고 주장하고 있음은 분명해진다.

17. 그러나 아베로에스주의자들은 그 뒤에 오는 말에서 지성이 신체의 현실태인 영혼이나 그러한 영혼의 일부가 아니라는 점을 아리스토텔레스의 취지로 이해하고자 했기 때문에, 그의 다음 말을 좀 더 주의를 기울여 탐구해야 한다. 따라서 그는 지성과 감각의 차이에 대해 제기된 질문 이후 곧바로 지성이 어떤 측면에서 감각과 비슷하고 어떤 측면에서 다른지에 대해 질문한다. 그는 이전에 감각에 대해 두 가지 점, 즉 감각은 감각 대상에 대해 가능태로 있으며,[64] 그리고 감각은 과도한 감각 대상에 의해 영향받고 손상된다는 점들을 입증했다.[65] 따라서 이것은 아리스토텔레스가 다음과 같이 말할 때 지적하려고 한 점이다. "그러므로 사고 작용이 감각 작용과 비슷하다면" 감각이 과도한 감각 대상에 의해 손상되는 것처럼, 지성 역시 과도한 지성 대상에 의해 손상되므로 "사고 작용은 지성 대상에 의해 영향을 받는 [과정]이거나, 아니면 이와 유사한 종류이지만 다른 [과정]"[66]이거나 둘 중 하나일 것이다. 다시 말해, [후자의 경우] 사고 작용은 감각 작용과 비슷하지만 영향 받지 않는다는 점에서 다르다.

---

[65] *DA* 2.12, 424a28-31.

[66] *DA* 3.4, 429a13-15.

18. Huic igitur quaestioni statim respondet et concludit, non ex praecedentibus sed ex sequentibus, quae tamen ex praecedentibus manifestantur, quod hanc partem animae "oportet esse impassibilem", ut non corrumpatur sicut sensus; est tamen quaedam alia passio eius secundum quod intelligere communi modo pati dicitur. In hoc ergo differt a sensu. Sed consequenter ostendit in quo cum sensu conveniat, quia scilicet oportet huiusmodi partem esse "susceptivam speciei" intelligibilis, et quod sit in potentia ad huiusmodi speciem, et quod non sit hoc in actu secundum suam naturam; sicut et de sensu supra dictum est quod est in potentia ad sensibilia, et non in actu. Et ex hoc concludit quod oportet sic "se habere sicut sensitivum ad sensibilia sic intellectum ad intelligibilia".

19. Hoc autem induxit ad excludendum opinionem Empedoclis et aliorum antiquorum, qui posuerunt quod cognoscens est de natura cogniti, utpote quod terram terra cognoscimus, aquam aqua. Aristoteles autem supra ostendit hoc non esse verum in sensu, quia sensitivum non est actu, sed potentia, ea quae sentit; et idem hic dicit de intellectu.

Est autem differentia inter sensum et intellectum, quia sensus non est cognoscitivus omnium, sed visus colorum tantum, auditus sonorum, et sic de aliis; intellectus autem est simpliciter omnium

---

[67] *DA* 3.4, 429a15. [68] *DA* 3.4, 429a15-16.

18. 따라서 그는 이 질문에 즉시 대답하면서 영혼의 이 부분이 감각처럼 손상되지 않기 위해서는 "영향 받지 않아야 한다"[67]는 점을 선행하는 것이 아니라 그것에서 의미가 확연해지는 후속의 것에서 결론짓는다. 그러나 사고 작용은 일반적인 방식으로 영향을 받는다고 말해진다는 점에서 또 다른 수동성이 있다. 그러므로 그것은 이 점에서 감각과 다르다. 하지만 다음으로 그는 그것이 감각과 어떤 점에서 유사한지를 보인다. 다시 말해 이런 종류의 한 부분은 지성 "상을 받아들여"[68]야 하고 이런 종류의 상에 대해 가능태로 있으며, 본성상 현실태로는 [동일한] 그것이 아니다. 마찬가지로, 감각이 감각 대상에 대해 현실태가 아니라 가능태로 있다고 이전에 말한 바 있다. 그리고 그는 이 점에서 "감각이 감각 대상과 연관되는 것처럼 지성 역시 지성 대상과 연관되어야 한다"[69]고 결론 내린다.

19. 그러나 그는 이 점을 통해 우리가 흙을 통해 흙을 인식하고, 물을 통해 물을 인식하듯이 인식 주체가 인식 대상의 본성이 된다고 언급한 엠페도클레스[70]와 다른 고대인들의 의견을 배제했다. 그러나 아리스토텔레스는 앞에서 이 점이 감각에 대해 참이 될 수 없다고 보여 주었다.[71] 감각 능력은 현실태가 아니라 가능태로 감각 대상이 되기 때문이다. 그리고 여기서 그는 지성에 대해서 같은 점을 말한다.

그러나 감각과 지성 사이에는 차이가 존재한다. 왜냐하면 감각은 모든 것을 인식하는 것이 아니라 시각이 색깔만 인식하고 청각이 소리만 인식하며 나머지 것에 대해서 마찬가지인 반면, 지성은 그러한 제한 없이 모든

[69] DA 3.4, 429a16-18.　　[70] 참조: DA 1.2, 404b13-15.
[71] DA 2.5, 417a2-9.

cognoscitivus. Dicebant autem antiqui philosophi, existimantes quod cognoscens debet habere naturam cogniti, quod anima ad hoc quod cognoscat omnia, necesse est ex principiis omnium esse commixtam. Quia vero Aristoteles iam probavit de intellectu per similitudinem sensus, quod non est actu id quod cognoscit sed in potentia tantum, concludit e contrario quod 'necesse est intellectum, quia cognoscit omnia, quod sit immixtus', id est non compositus ex omnibus, sicut Empedocles ponebat.

20. Et ad hoc inducit testimonium Anaxagorae, non tamen de hoc eodem intellectu loquentis, sed de intellectu qui movet omnia. Sicut ergo Anaxagoras dixit illum intellectum esse immixtum ut imperet movendo et segregando, hoc nos possumus dicere de intellectu humano, quod oportet eum esse immixtum ad hoc ut cognoscat omnia; et hoc probat consequenter, et habetur sic sequens littera in Graeco "Intus apparens enim prohibebit extraneum et obstruet". Quod potest intelligi ex simili in visu: si enim esset aliquis color intrinsecus pupillae, ille color interior prohiberet videri extraneum colorem, et quodammodo obstrueret oculum ne alia videret.

---

[72] 참조: *DA* 1.2, 405b10-17.

[73] *DA* 3.4, 429a18.

것을 인식할 수 있기 때문이다. 인식 주체가 인식 대상의 본성을 가져야 한다고 생각한 고대 철학자들은 영혼이 모든 것을 인식하기 위해서 모든 것의 원리와 혼합되어야 한다고 말했다.[72] 그러나 아리스토텔레스는, 이미 감각과의 비교를 통해 지성이 현실태가 아니라 단지 가능태로만 인식 대상이 된다고 주장했다. 이런 까닭에 그는 반대로 '지성이 모든 것을 인식하기 때문에 혼합되어서는 안 된다'[73]고, 다시 말해 엠페도클레스가 말했던 것처럼 모든 것으로 구성되어서는 안 된다고 결론 내렸다.

20. 그리고 그는 이 점을 뒷받침하기 위해 이와 똑같은 지성이 아니라 모든 것을 움직이는 지성에 대해 말한 아낙사고라스의 증거를 끌어들인다.[74] 따라서 아낙사고라스는 그 지성이 운동과 분리를 통해 지배하기 위해서는 혼합되지 않는다고 말했듯이, 우리도 인간 지성이 모든 것을 인식하기 위해서는 혼합되지 않아야 한다고 말할 수 있다. 그리고 그[아리스토텔레스]는 이 점을 이후에 입증하는데, "왜냐하면 내부에 나타나는 것은 외부의 것을 제지하고 방해할 것이기 때문이다"[75]라는 말이 그리스어 문헌에 발견된다. 이 점은 시각에서의 유사한 경우에서 이해될 수 있다. 왜냐하면 눈동자의 내부에 어떤 색깔이 있다면, 내부의 그러한 색깔은 외부 색깔이 보이는 것을 막을 것이며, 눈으로 하여금 어떤 식으로든 다른 사물들을 보지 못하도록 할 것이기 때문이다.

---

[74] *DA* 3.4, 429a19.

[75] *DA* 3.4, 429a20.

21. Similiter, si aliqua natura rerum quae intellectus cognoscit, puta terra aut aqua, aut calidum et frigidum, et aliquid huiusmodi, esset intrinseca intellectui, illa natura intrinseca impediret ipsum et quodammodo obstrueret, ne alia cognosceret.

Quia ergo omnia cognoscit, concludit quod non contingit ipsum habere aliquam naturam determinatam ex naturis sensibilibus quas cognoscit, 'sed hanc solam naturam habet quod sit possibilis', id est in potentia ad ea quae intelligit, quantum est ex sua natura; sed fit actu illa dum ea intelligit in actu, sicut sensus in actu fit sensibile in actu, ut supra in secundo dixerat. Concludit ergo quod intellectus antequam intelligat in actu "nihil est actu eorum quae sunt"; quod est contrarium his quae antiqui dicebant, quod est actu omnia.

22. Et quia fecerat mentionem de dicto Anaxagorae loquentis de intellectu qui imperat omnibus, ne crederetur de illo intellectu hoc conclusisse, utitur tali modo loquendi "Vocatus itaque animae intellectus, dico autem intellectum quo opinatur et intelligit anima, nihil est actu" etc. Ex quo duo apparent: primo quidem quod non loquitur hic de intellectu qui sit aliqua substantia separata, sed de intellectu quem supra dixit potentiam et partem animae, quo anima

---

[76] *DA* 3.4, 429a21-22.　　[77] *DA* 3.4, 429a24.

21. 마찬가지로 흙이나 물, 뜨거운 것이거나 찬 것, 또는 이러한 어떤 것처럼 지성이 인식하는 사물의 본성이 지성 내부에 있다면, 지성 안에 있는 그 본성은 지성으로 하여금 다른 사물을 인식하는 것을 방해하거나 막을 것이다.

그러므로 그는 지성이 모든 것을 인식한다는 이유로 이렇게 결론 내린다: 그것은 자신이 인식하는 감각적 본성들에 의해 규정된 어떠한 본성도 자체적으로 가질 수 없으며, 자신의 본성에 관한 한 '이런 가능적 본성만을 가지는데',[76] 다시 말해 그것이 인식하는 그러한 사물에 대해 가능태에 있다. 하지만 그가 이전 제2권에서 말하듯이, 현실태에 있는 감각이 현실태에 있는 감각 대상이 되는 것과 마찬가지로 지성은 그것이 인식하는 사물을 현실태적으로 인식할 때 현실태에 있는 사물이 된다. 따라서 그는 지성이 현실태로 사고 작용을 하기 전에는 "현실태로 존재하는 어떤 사물도 아니다"[77]라고 결론짓는다. 이 점은 그것이 현실태로 모든 것이다라는 고대 사상가들의 말과 상반된다.

22. 모든 것을 지배하는 지성에 대해 말하는 아낙사고라스의 언명을 언급했기 때문에 자신의 결론이 그 지성과 연관된다고 생각되지 않도록, 그는 다음과 같은 화법을 사용한다. "그러므로 영혼 안에서 지성이라고 불리는 것 — 내가 지성이라 말할 때 영혼으로 하여금 판단하고 사고 작용을 하도록 하는 것 — 은 결코 현실태로 있지 않다."[78] 이 사실로 두 가지가 분명하다: 첫째, 그[아리스토텔레스]는 여기서 지성을 분리된 실체가 아니라 영혼으로 하여금 사고 작용을 하도록 하는 것, 즉 영혼의 능력이자 일부라고

---

[78] DA 3.4, 429a22-24.

intelligit; secundo, quod per supra dicta probavit quod intellectus non habet naturam in actu.

23. Nondum autem probavit quod non sit virtus in corpore, ut Averroes dicit, sed hoc statim concludit ex praemissis, nam sequitur "Unde neque misceri est rationabile ipsum corpori".

Et hoc secundum probat per primum quod supra probavit, scilicet quod intellectus non habet aliquam in actu de naturis rerum sensibilium; ex quo patet quod non miscetur corpori, quia si misceretur corpori, haberet aliquam de naturis corporeis; et hoc est quod subdit "Qualis enim utique aliquis fiet, aut calidus aut frigidus, si organum aliquod erit sicut sensitivo". Sensus enim proportionatur suo organo et trahitur quodammodo ad suam naturam; unde etiam secundum immutationem organi immutatur operatio sensus. Sic ergo intelligitur istud 'non misceri corpori', quia non habet organum sicut sensus.

24. Et quod intellectus animae non habet organum, manifestat per dictum quorundam qui dixerunt quod 'anima est locus specierum', large accipientes locum pro omni receptivo, more platonico; nisi quod esse locum specierum non convenit toti animae, sed solum

---

[79] *LCDA* 3.4, 384.29와 3.5, 388.38.   [80] *DA* 3.4, 429a25.

말한다는 점. 둘째, 그가 앞에서 말한 것을 통해 지성이 현실태에 있는 본성을 가지지 않는다고 입증한다는 점.

23. 그러나 그[아리스토텔레스]는 아베로에스가 말하는 것처럼[79] 그것이 신체 안에 있는 능력이 아니라는 점을 아직 입증하지 않았다. 하지만 그는 이 점을 앞서 한 말에서 결론짓는다. "그러므로 그것이 신체와 혼합되어 있다고 생각하는 것은 합리적이지 않다"[80]는 말이 다음에 오기 때문이다.

그리고 그는 앞서 입증한 첫째 논점, 즉 지성이 어떠한 감각적 사물의 본질도 현실태로 가지고 있지 않다는 점을 통해 이런 둘째 논점을 입증한다. 이 사실로 미루어 그것이 신체와 혼합되지 않는다는 점은 분명하다. 그것이 신체와 혼합된다면 어떤 물질적 본성을 가지게 될 것이기 때문이다. 그리고 그는 "왜냐하면 지성이 감각처럼 기관을 가진다면 뜨겁게 되든지 아니면 차게 되든지 어떤 종류의 성질을 얻게 되기 때문이다"[81]라고 덧붙인다. 감각은 그것의 기관에 비례하고, 어떤 식으로든 그것의 본성에 동화된다. 그러므로 감각의 작용은 심지어 기관이 변화함에 따라 변화하기도 한다. 따라서 지성이 '신체와 혼합되지 않는다'는 점은 감각처럼 기관을 지니지 않는다는 뜻으로 이해된다.

24. 그리고 그는 '영혼이 형상들의 장소'라고 말한 사람들의 언명을 통해 영혼의 지성이 기관을 지니고 있지 않다는 점을 드러내는데, 장소를 넓은 의미에서 어떤 수용적인 것으로 이해한다는 데에서는 플라톤주의자들의 방식을 따른다. 하지만 형상들의 장소가 되는 것이 전체 영혼이 아니라 지

---

[81] DA 3.4, 429a25-27.

intellectivae: sensitiva enim pars non recipit in se species, sed in organo; pars autem intellectiva non recipit eas in organo, sed in se ipsa. Item non sic est locus specierum quod habeat eas in actu, sed in potentia tantum.

Quia ergo iam ostendit quid conveniat intellectui ex similitudine sensus, redit ad primum quod dixerat, quod 'oportet partem intellectivam esse impassibilem'; et sic admirabili subtilitate ex ipsa similitudine sensus, concludit dissimilitudinem. Ostendit ergo consequenter quod 'non similiter sit impassibilis sensus et intellectus', per hoc quod sensus corrumpitur ab excellenti sensibili, non autem intellectus ab excellenti intelligibili. Et huius causam assignat ex supra probatis, 'quia sensitivum non est sine corpore, sed intellectus est separatus'.

25. Hoc autem ultimum verbum maxime assumunt ad sui erroris fulcimentum, volentes per hoc habere quod intellectus neque sit anima neque pars animae, sed quaedam substantia separata. Sed cito obliviscuntur eius quod paulo supra Aristoteles dixit: sic enim hic dicitur quod 'sensitivum non est sine corpore et intellectus est separatus', sicut supra dixit quod intellectus fieret "qualis, aut calidus aut frigidus, si aliquod organum erit ei sicut sensitivo". Ea igitur ratione hic dicitur quod sensitivum non est sine corpore, in-

---

[82] 참조: *DA* 3.4, 429a27-29.

[83] *DA* 3.4, 429a15.

성적 부분에만 해당한다는 점에서 의견을 달리한다. 왜냐하면 감각적 부분은 형상들을 그 자체가 아니라 기관 안에 수용하는 반면, 지성적 부분은 형상들을 기관이 아니라 그 자체 안에 수용하기 때문이다. 더욱이 그것[지성]은 형상들을 현실태가 아니라 가능태로만 가진다는 점에서 형상들의 장소가 된다.[82]

따라서 그는 이제 감각과의 유사성을 통해 지성에 속한 것이 무엇인가를 보여 주었기 때문에, '지성적 부분은 영향 받지 않음이 분명하다'[83]는 그의 첫째 언명으로 되돌아간다. 그리고 그는 감각과의 유사성에서 상이성을 아주 세밀하게 추론한다. 그러므로 그는 이후 감각은 과도한 감각 대상에 의해 손상되지만 지성은 과도한 지성 대상에 의해 손상되지 않는다는 점을 통해 '감각과 지성이 동일한 방식으로 영향 받지 않는다'는 점을 드러낸다. 그리고 그는 이것에 대한 이유를 이미 앞에서 입증된 것으로 삼는다. '감각은 신체 없이 존재하지 않으나 지성은 분리되기 때문이다.'[84]

25. 특히 바로 이 마지막 말은 그들이 지성을 영혼이나 영혼의 일부기 아니라 분리된 실체라고 주장하기 원하면서 자신들의 오류를 뒷받침하기 위해 즐겨 택하는 것이다.[85] 그러나 그들은 아리스토텔레스가 이것 이전에 한 말을 너무 빨리 잊어버린다. 실상 그는 이전에 지성이 "감각 능력처럼 기관을 가진다면 모종의 뜨겁거나 차가운 것이 될 것"이라고 말한 다음,[86] 여기서는 '감각 능력이 신체 없이 존재하지 않으며 지성은 분리된다'고 말한다. 그러므로 그가 여기서 감각은 신체 없이 존재하지 않으나 지성은 분

---

[84] *DA* 3.4, 429a29-b5.

[85] *DAI* 3, 78.27-28; cf. QIIIDA 14, 51.28-31.

[86] *DA* 3.4, 429a25-26.

tellectus autem est separatus, quia sensus habet organum, non autem intellectus.

26. Manifestissime igitur apparet absque omni dubitatione ex verbis Aristotelis hanc fuisse eius sententiam de intellectu possibili, quod intellectus sit aliquid animae quae est actus corporis; ita tamen quod intellectus animae non habeat aliquod organum corporale, sicut habent ceterae potentiae animae.

27. Quomodo autem hoc esse possit, quod anima sit forma corporis et aliqua virtus animae non sit corporis virtus, non difficile est intelligere, si quis etiam in aliis rebus consideret. Videmus enim in multis quod aliqua forma est quidem actus corporis ex elementis commixti, et tamen habet aliquam virtutem quae non est virtus alicuius elementi, sed competit tali formae ex altiori principio, puta corpore caelesti: sicut quod magnes habet virtutem attrahendi ferrum, et iaspis restringendi sanguinem. Et paulatim videmus, secundum quod formae sunt nobiliores, quod habent aliquas virtutes magis ac magis supergredientes materiam; unde ultima formarum, quae est anima humana, habet virtutem totaliter supergredientem materiam corporalem, scilicet intellectum. Sic ergo intellectus se-

---

[87] 인간 영혼은 물질적 형상의 계층 질서에서 최상위로 설정된다. 예컨대, 원소(元素)나 광물 같은 무생물의 형상, 식물의 생장혼, 동물의 감각혼, 인간 영혼 모두 질료와 결합하는 형상임이 분명하다. 그러나 토마스는 무생물의 형상보다는 식물의 생장혼이, 생장혼보다는 동

리되어 있다고 말하는 이유는, 감각이 기관을 가지고 있지만 지성은 그것을 가지고 있지 않다는 데 있다.

26. 그러므로 매우 분명하게도 아리스토텔레스의 말로 보아 이 점, 즉 지성이 신체의 현실태인 영혼에 속한 것이지만 영혼의 지성에는 영혼의 다른 능력들에 속한 신체 기관이 없다는 점이 가능지성에 대한 그의 입장이라는 것은 어떠한 의심의 여지도 없다.

27. 어떻게 영혼이 신체의 형상이지만 영혼의 어떤 능력은 신체의 능력이 아닐 수 있는가에 대해서는 다른 것들에서 드러난 [의미를] 함께 고려한다면 이해하기 어렵지 않을 것이다. 왜냐하면 우리는 형상이 실제로 원소들의 혼합으로 이루어진 신체의 현실태이지만 원소의 능력이 아니라 천체와 같은 더 상위의 원리로 인해 그러한 형상에 속하는 능력을 가지게 되는 경우를 많이 보기 때문이다. 이를테면 자석에는 철을 끌어당기는 능력이 있고, 벽옥碧玉에는 피를 응고시키는 능력이 있는 것과 같다. 그리고 우리는 형상이 고상할수록 질료를 능가하는 능력을 가지게 됨을 점차 관찰한다.[87] 따라서 최상위 형상인 인간 영혼에는 물질적 질료를 전적으로 능가하는 능력인 지성이 있다. 그러므로 지성은 신체 안에 있지 않고 영혼 안에 있

물의 감각혼이, 감각혼보다는 인간 영혼이 더 탁월하게 설명되는 계층 질서를 제시하고 있다. 이 계층 질서의 최하위에는 아무 생명 활동도 하지 않는 원소나 광물의 형상이 위치하고, 그 위에 생명을 가짐으로써 영양 섭취 작용을 하는 식물의 생장혼이, 그 위에 영양 섭취 작용 외에도 감각 작용을 하는 동물의 감각혼이 자리 잡는다. 또한, 감각혼 위의 인간 영혼이 물질적 형상들 가운데 최상위에 위치한다. 참조: SCG 2.68; QDA q.1.

paratus est quia non est virtus in corpore; sed est virtus in anima, anima autem est actus corporis.

28. Nec dicimus quod anima, in qua est intellectus, sic excedat materiam corporalem quod non habeat esse in corpore; sed quod intellectus, quem Aristoteles dicit potentiam animae, non est actus corporis: neque enim anima est actus corporis mediantibus suis potentiis, sed anima per se ipsam est actus corporis dans corpori esse specificum. Aliquae autem potentiae eius sunt actus partium quarumdam corporis, perficientes ipsas ad aliquas operationes; sic autem potentia quae est intellectus nullius corporis actus est, quia eius operatio non fit per organum corporale.

29. Et ne alicui videatur quod hoc ex nostro sensu dicamus praeter Aristotelis intentionem, inducenda sunt verba Aristotelis expresse hoc dicentis. Quaerit enim in II *Physicorum* "usque ad quantum oporteat cognoscere speciem et quod quid est"; non enim omnem formam considerare pertinet ad physicum. Et solvit subdens "Aut quemadmodum medicum nervum et fabrum aes, usquequo", id est usque ad aliquem terminum. Et usque ad quem terminum ostendit subdens "Cuius enim causa unumquodque", quasi dicat: in tantum

---

[88] 인간 영혼의 독특성을 강조하는 토마스 철학적 인간학의 핵심 주장들 중 하나다. 일반적으로 신체의 형상에는 신체를 초월하는 능력이 있을 수 없다. 하지만 그 밖의 형상들과 달리 독특한 위상을 점하는 인간 영혼에는 신체를 초월하는 능력인 지성이 있을 수 있다. 참조: *SCG* 2.68; *ST* 1.76.1; *QDSC* 2; *QDA* q.2.

는 능력이기 때문에 분리된다. 더욱이 영혼은 신체의 현실태다.[88]

28. 또한 우리는 지성이 속해 있는 영혼이 물질적 질료를 초월하므로 신체 안에 자신의 존재를 지니지 않는다고 말하지 않고 오히려 아리스토텔레스가 영혼의 능력이라고 부르는 지성이 신체의 현실태가 아니라고 말한다. 왜냐하면 영혼은 그 능력들의 매개에 의해 신체의 현실태가 아니라 신체에 특정한 존재를 부여하는 자립적 신체의 현실태이기 때문이다. 그러나 그 능력들 중 어떤 것들은 신체의 어떤 부분들의 현실태들이며, 어떤 작용들을 위해 그것[부분]들을 완성한다. 한편 지성과 같은 능력은 그 작용이 신체 기관을 통해 수행되지 않기 때문에 어떠한 신체의 현실태도 아니다.

29. 그리고 우리는 혹자에게 아리스토텔레스의 취지를 넘어 우리 자신의 해석으로 이 점을 말하고 있는 것으로 보이지 않기 위해, 이 점을 명확하게 말하고 있는 아리스토텔레스의 말을 인용해야 한다. 그는 『자연학』 제2권[89]에서 "[자연학자는] 형상과 본질[90]을 어느 정도까지 알아야 하는가?"라고 질문한다. 이유인즉 모든 형상을 다루는 것이 자연학자의 임무가 아니기 때문이다. 그리고 그는 "어느 정도까지, 즉 어느 한도까지 의사는 신경에 대해 알고 대장장이는 청동에 대해 아는가?"라고 말하면서 그 질문을 해결한다. 그리고 의사가 신경이 건강과 연관되는 한 신경을 다루고, 또한

---

[89] Phys 2.2, 194b9-12.

[90] quod quid est를 직역하면 '그것이 무엇인지'이나, 여기서는 '본질'로 옮겼다.

medicus considerat nervum in quantum pertinet ad sanitatem, propter quam medicus nervum considerat, et similiter faber aes propter artificium. Et quia physicus considerat formam in quantum est in materia, sic enim est forma corporis mobilis, similiter accipiendum quod naturalis in tantum considerat formam in quantum est in materia.

30. Terminus ergo considerationis physici de formis est in formis quae sunt in materia quodammodo, et alio modo non in materia; istae enim formae sunt in confinio formarum separatarum et materialium. Unde subdit "Et circa haec", scilicet terminatur consideratio naturalis de formis, "quae sunt separatae quidem species, in materia autem". Quae autem sint istae formae, ostendit subdens "Homo enim hominem generat ex materia, et sol". Forma ergo hominis est in materia et separata: in materia quidem secundum esse quod dat corpori, sic enim est terminus generationis, separata autem secundum virtutem quae est propria homini, scilicet secundum intellectum. Non est ergo impossibile quod aliqua forma sit in materia, et virtus eius sit separata, sicut expositum est de intellectu.

---

[91] 토마스는 여타의 물질적 형상들과 달리 자신의 고유한 존재를 신체와 공유하는 자립적인 형상인 인간 영혼의 독특성을 드러내기 위해 '경계'(confinium)나 '지평'(horizon)이라는 비유를 사용한다. *QDA* q.1.137-141; SCG 2.68.1453 참조. 이러한 비유는 *In Sent* 3, prol.에서 인간 영혼뿐 아니라 영혼과 신체의 합성체인 인간에게도 적용된다. 또한 토마스는 인간 영혼이 소유하는 능력(potentia)의 양면성을 설명하기 위해 이 비유를 사용한다. *ST* 1.77.2c 참조.

장인이 작품을 위해 청동을 다룬다고 말하기나 하려는 듯이, "그가 각각에 대한 원인을 알 때까지"라고 부언하면서 어느 한도까지인지를 보인다. 또한 형상은 움직일 수 있는 물체의 형상이므로 질료 안에 있는 한에서 자연철학자는 그 형상을 탐구한다. 따라서 자연학자가 형상이 질료 안에 있는 한에서 그 형상을 탐구한다는 점도 이와 마찬가지로 이해해야 한다.

30. 따라서 형상을 가지고 자연학자가 수행하는 탐구의 지향점은 한편으로 질료 안에 있고, 또 한편으로는 질료 안에 있지 않은 형상들 안에 있다. 왜냐하면 그러한 형상은 분리된 형상과 물질적 형상의 경계[91]에 있기 때문이다. 그러므로 그는 형상에 대한 자연철학자의 탐구가 "그리고 실제로 분리되어 있지만 질료 안에 있는 이것들에서" 끝난다고 덧붙여 말한다. 이제 그는 "실상 인간과 태양은 인간을 질료에서 생성시킨다"[92]고 부언함으로써 이 형상들이 무엇인가를 보여 준다. 그러므로 인간의 형상은 질료 안에 있는 동시에 분리되어 있다. 사실 그 형상은 신체에 존재를 부여하는 한에서 질료 안에 있다. 왜냐하면 이로 인해 그것은 생성의 지향점이 되기 때문이다. 하지만 그것은 인간의 고유한 능력, 즉 지성의 측면에서는 분리된다. 그러므로 지성에 대해 설명된 것처럼 어떤 형상이 질료 안에 있을지라도 그것의 능력이 분리되는 것은 불가능하지 않다.

이 비유를 다루는 이차 문헌으로는 G. Verbeke, "Man as a 'Frontier' according to Aquinas", in G. Verbeke and O. Verhelst, eds., *Aquinas and Problems of His Time* (Louvain: Leuven University Press 1976) 195-223; 이재경 「토마스 아퀴나스, 신플라톤주의 그리고 지평 비유」 『동서철학연구』 26 (2002) 5-20 참조.

[92] *Phys* 2.2, 194b12-13.

31. Adhuc autem alio modo procedunt ad ostendendum quod Aristotelis sententia fuit, quod intellectus non sit anima vel pars animae quae unitur corpori ut forma. Dicit enim Aristoteles in pluribus locis, intellectum esse perpetuum et incorruptibilem, sicut patet in II *De anima*, ubi dixit "Hoc solum contingere separari sicut perpetuum a corruptibili"; et in primo, ubi dixit quod intellectus videtur esse substantia quaedam, "et non corrumpi"; et in tertio, ubi dixit "Separatus autem est solum hoc quod vere est, et hoc solum immortale et perpetuum est", quamvis hoc ultimum quidam non exponant de intellectu possibili, sed de intellectu agente. Ex quibus omnibus verbis apparet quod Aristoteles voluit intellectum esse aliquid incorruptibile.

32. Videtur autem quod nihil incorruptibile possit esse forma corporis corruptibilis. Non enim est accidentale formae sed per se ei convenit esse in materia, alioquin ex materia et forma fieret unum per accidens; nihil autem potest esse sine eo quod inest ei per se: ergo forma corporis non potest esse sine corpore. Si ergo corpus sit corruptibile, sequitur formam corporis corruptibilem esse. Praeterea, formae separatae a materia, et formae quae sunt in materia, non sunt eaedem specie, ut probatur in VII *Metaphysicae*; multo ergo minus

---

[93] *DA* 2.2, 413b26-27.   [94] *DA* 1.4, 408b17-18.
[95] 알렉산더 아프로디시아스와 테미스티우스를 가리킨다. *DUI* 1장 (36번) 참조.
[96] *DA* 3.5, 430a22-23.

31. 그러나 그들[아베로에스주의자]은 지성이 신체에 형상으로 결합하는 영혼이나 영혼의 일부가 아니라는 점이 바로 아리스토텔레스의 취지였다는 점을 또 다른 방식으로 드러낸다. 왜냐하면 아리스토텔레스는 여러 곳에서 지성이 영원하고 불멸한다고 말하기 때문이다. 이 점은 그가 "영원한 것이 소멸하는 것과 다르듯이 그것만이 분리될 수 있다"[93]고 말하는 『영혼론』 제2권에서, 지성은 어떤 종류의 실체이며 "소멸될 수 없는 듯하다"[94]고 말하는 『영혼론』 제1권에서, 어떤 이들은[95] 다음 말을 가능지성에 대한 것이 아니라 능동지성에 대한 것으로 설명할지라도 "이것은 분리될 때만 참된 것이며, 이것만이 불사적이고 영속적이다"[96]라고 말하는 『영혼론』 제3권에서 명백하다. 이 모든 말로 미루어 아리스토텔레스가 지성을 불멸하는 것의 의미로 말한다는 점은 명백하다.

32. 그러나 불멸하는 것은 어떤 것도 소멸하는 신체의 형상일 수 없는 것처럼 보인다. 질료 안에 있다는 섬은 형상에 우유적인 것이 아니라 본질적으로 내재하는 것이다. 그렇지 않다면 질료와 형상에서는 오직 우유적 결합만이 생길 것이다. 어떤 것도 자신 안에 본질적으로 내재하는 것 없이는 존재할 수 없다. 따라서 신체의 형상은 신체 없이 존재할 수 없다. 그러므로 신체가 소멸한다면 신체의 형상도 당연히 소멸하게 된다. 더욱이, 『형이상학』 제7권에서 입증되듯이,[97] 질료에서 분리된 형상과 질료 안에 있는

---

[97] *Met* 7.11, 1036b22-24; 1037a1-2; 16, 1040b28-1041a4. 레오 판 편집자인 고티에(Gauthier)는 *Met* 10.10, 1058b26-29가 이 점을 좀 더 잘 드러낸다고 한다. 실제로, 이 텍스트는 익명의 아베로에스주의자(Anomymus averroista)에 의해 인용된다. *In De anima*, in *Trois commentaires anonymes sur le Traité de l'âme d'Aristote*, ed. M. Giele (Louvain: Publicationes universitaires de Louvain 1971) 2.4.5, 69.53-55 참조.

una et eadem forma numero potest nunc esse in corpore, nunc autem sine corpore: destructo ergo corpore, vel destruitur forma corporis, vel transit ad aliud corpus. Si ergo intellectus est forma corporis, videtur ex necessitate sequi quod intellectus sit corruptibilis.

33. Est autem sciendum quod haec ratio plurimos movit: unde Gregorius Nyssenus imponit Aristoteli e converso quod, quia posuit animam esse formam, quod posuerit eam esse corruptibilem; quidam vero posuerunt propter hoc animam transire de corpore in corpus; quidam etiam posuerunt quod anima haberet corpus quoddam incorruptibile, a quo numquam separaretur. Et ideo ostendendum est per verba Aristotelis, quod sic posuit intellectivam animam esse formam quod tamen posuit eam incorruptibilem.

34. In XI enim *Metaphysicae*, postquam ostenderat quod formae non sunt ante materias, quia "quando sanatur homo tunc est sanitas, et figura aeneae sphaerae simul est cum sphaera aenea", consequenter inquirit utrum aliqua forma remaneat post materiam; et dicit sic secundum translationem Boetii "Si vero aliquid posterius remaneat", scilicet post materiam, "considerandum est: in quibus-

---

[98] 토마스는 『인간본성론』을 니사의 그레고리우스가 직접 쓴 것으로 믿었지만, 실제로는 4세기 에메사의 네메시우스가 쓴 것으로 알려져 있다. 『지성단일성』에 나타난 니사의 그레고리우스에 대한 모든 인용은 에메사의 네메시우스의 『인간본성론』 2장과 3장에서 온 것이다. Nemesius Emesenus, *De natura hominis*, 2 (*PG* 40, 571 B).

형상은 동일한 종이 아니다. 하물며 수적으로 하나인 형상은 때로는 신체 안에 있고 때로는 신체 없이 존재하는 것이 불가능하다. 따라서 신체가 소멸될 때, 신체의 형상이 소멸되든 아니면 또 다른 신체 안으로 옮겨 가든지 할 것이다. 그러므로 지성이 신체의 형상이면 반드시 소멸하게 될 것처럼 보인다.

33. 이런 논변이 여러 사람에게 영향을 미쳤다는 사실에 주목해야 한다. 그래서 상반되는 점을 개진하는 니사의 그레고리우스는 아리스토텔레스가 영혼을 형상으로 간주했기 때문에 그것을 소멸하는 것으로 주장했다고 이해한다. 이런 논변 때문에 어떤 이들은[98] 영혼이 하나의 신체에서 다른 신체로 옮겨 간다고 주장했다. 심지어 어떤 이들은[99] 영혼이 결코 분리될 수 없는 불멸하는 신체를 지닌다고 주장했다. 그러므로 아리스토텔레스의 말로 미루어 지성적 영혼이 형상임에도 불구하고 불멸한다는 것이 그의 주장이었음이 밝혀져야 한다.

34. 그는 『형이상학』 제11권에서 "사람이 치유될 때 건강이 존재하고, 청동구의 모양이 청동구와 함께 존재하기" 때문에 형상이 질료에 앞서 존재하지 않는다는 점을 보여 준 후, 형상이 질료 다음에 남을 수 있는지의 여부에 대해 질문을 제기한다. 보에티우스의 번역에 따르면, 그[아리스토텔레스]는 이렇게 말한다. "어떤 것이 다음에", 즉 질료 다음에 "남는지의 여부에 대해 탐구해야 한다. 실상 어떤 경우에는 그 무엇도 이것을 막을 수

---

[99] 토마스는 구체적 인물을 지칭하는 대신 '플라톤주의자들'(Platonici)이라는 용어를 사용한다. 참조: *ST* 1.76.7; *Super librum de causis*, prop. 5; *De substantiis separatis* 20; Proclus, *Elementatio theologiae*, prop. 196.

dam enim nihil prohibet, ut si anima huiusmodi est, non omnis sed intellectus; omnem enim impossibile est fortasse". Patet ergo quod animam, quae est forma, quantum ad intellectivam partem dicit nihil prohibere remanere post corpus, et tamen ante corpus non fuisse. Cum enim absolute dixisset quod causae moventes sunt ante, non autem causae formales, non quaesivit utrum aliqua forma esset ante materiam, sed utrum aliqua forma remaneat post materiam; et dicit hoc nihil prohibere de forma quae est anima, quantum ad intellectivam partem.

35. Cum igitur, secundum praemissa Aristotelis verba, haec forma quae est anima post corpus remaneat, non tota sed intellectus, considerandum restat quare magis anima secundum partem intellectivam post corpus remaneat, quam secundum alias partes, et quam aliae formae post suas materias. Cuius quidem rationem ex ipsis Aristotelis verbis assumere oportet: dicit enim "Separatum autem est solum hoc quod vere est, et hoc solum immortale et perpetuum est". Hanc igitur rationem assignare videtur quare hoc solum immortale et perpetuum esse videtur, quia hoc solum est separatum.

36. Sed de quo hic loquatur dubium esse potest, quibusdam dicentibus quod loquitur de intellectu possibili, quibusdam quod de

---

[100] 보에티우스의 『형이상학』 번역에 대해서는 정확하게 알려지지 않았다. 여기서의 『형이상학』 11권은 베커 판 12권에 해당한다. *Met* 12.3, 1070a21-27 참조.

없다. 이를테면, 영혼이 이런 종류라면 [남는 것은] 모든 영혼이 아니라 지성이다. 왜냐하면 그것은 아마도 모든 것에 대해 불가능하기 때문이다".[100] 그러므로 그는, 영혼이 신체에 앞서 존재하지 않았다 할지라도 형상인 영혼이 영혼의 지성적 부분에 관한 한 반드시 신체 다음에 남게 될 것이라고 말하고 있음이 분명하다. 왜냐하면 그는 운동인運動因이 형상인形相因과 달리 앞서 존재하는 것이라고 단호히 말했으므로, 그의 질문은 형상이 질료에 앞서 존재하는지의 여부가 아니라 형상이 질료 다음에 남을 수 있는지의 여부였기 때문이다. 그리고 그는 영혼의 지성적 부분에 관한 한 영혼인 형상의 경우 그 무엇도 이것을 막을 수 없을 것이라고 말한다.

35. 그러므로 아리스토텔레스의 이전 말에 따르자면, 이런 형상인 영혼은 영혼 전체가 아니라 지성의 측면에서 신체 다음에 남을 수 있기 때문에, 영혼의 다른 부분들이 아니라 지성적 부분의 측면에서 영혼이 남게 되는 까닭과, 나머지 형상들은 질료 다음에 남지 않을 때 영혼이 신체 이후에 남게 되는 까닭을 탐구해야 한다. 바로 이것에 대한 설명은 아리스토텔레스의 말에서 구해야 한다. 실상 그는 "그러나 이것은 분리될 때만 참된 것이며, 이것만이 불사적이고 영원하다"[101]고 말한다. 그러므로 그는 이것만이 불사적이고 영원한 것처럼 보인다는 자신의 입장에 대한 이유를 이것만이 분리되기 때문이라고 설명하는 듯하다.

36. 그러나 그가 여기서 말하고 있는 것에 대해 의심이 생길 수 있다. 왜냐하면 그가 가능지성을 가리킨다고 말하는 이들도 있고,[102] 그것이 능동지

---

[101] DA 3.5, 430a22-23.
[102] 아베로에스의 LCDA 3.20, 448.15 이하 참조.

agente: quorum utrumque apparet esse falsum, si diligenter verba Aristotelis considerentur, nam de utroque Aristoteles dixerat ipsum esse separatum. Restat igitur quod intelligatur de tota intellectiva parte, quae quidem separata dicitur quia non est ei aliquod organum, sicut ex verbis Aristotelis patet.

37. Dixerat autem Aristoteles in principio libri *De anima* quod "si est aliquid animae operum aut passionum proprium, continget utique ipsam separari; si vero nullum est proprium ipsius, non utique erit separabilis". Cuius quidem consequentiae ratio talis est, quia unumquodque operatur in quantum est ens; eo igitur modo unicuique competit operari quo sibi competit esse. Formae igitur quae nullam operationem habent sine communicatione suae materiae, ipsae non operantur, sed compositum est quod operatur per formam; unde huiusmodi formae ipsae quidem proprie loquendo non sunt, sed eis aliquid est. Sicut enim calor non calefacit, sed calidum, ita etiam calor non est proprie loquendo, sed calidum est per calorem; propter quod Aristoteles dicit in XI *Metaphysicae* quod de accidentibus non vere dicitur quod sunt entia, sed magis quod sunt entis.

38. Et similis ratio est de formis substantialibus quae nullam operationem habent absque communicatione materiae, hoc excepto

---

[103] 알렉산더 아프로디시아스와 테미스티우스를 가리킨다. 아베로에스의 *LCDA* 3.21, 444.21 이하 참조.

성을 의미한다고 말하는 이들도 있기 때문이다.[103] 아리스토텔레스의 말들을 주의 깊게 고려하면 양쪽 모두 틀린 듯하다. 그는 양쪽 모두 분리된다고 말했기 때문이다.[104] 그러므로 분리된다고 하는 것은 모든 지성적 부분으로 이해해야 한다. 아리스토텔레스의 말들에서 드러나듯이, 그것에는 기관이 없기 때문이다.

37. 아리스토텔레스는 『영혼론』 첫머리에서 이렇게 말했다. "영혼에 고유한 어떤 작용이나 영향 받음이 있다면 영혼은 분리될 수 있을 것이나, 영혼에 고유한 것이 없다면 영혼은 분리될 수 없을 것이다."[105] 이런 결론에 대한 근거는, 저마다의 사물이 존재하는 방식대로 작용을 하기 때문에 사물의 작용 방식은 존재 방식과 같다는 데 있다. 따라서 질료와 결합되지 않고서는 작용을 가지지 않는 형상들은 스스로 작용하지 않고, 복합체가 형상을 통해 작용한다. 그러므로 정확히 말하자면 이런 종류의 형상들은 스스로 존재하지 않고, 그것들 덕분에 다른 무언가가 존재한다. 뜨거워지는 것은 열이 아니라 뜨거운 사물인 것처럼, 정확히 말하자면 열이 존재하는 것이 아니라 열 덕분에 뜨거운 사물이 존재한다. 이런 이유로 아리스토텔레스는, 『형이상학』 제11권[106]에서 우유란 존재자가 아니라 존재자에 속한 것이라고 말한다.[107]

38. 그리고 이와 비슷한 추론은 질료의 결합 없이는 작용을 지니지 않는 실체적 형상에 적용되는데, 난 이런 종류의 형상이 실체적으로 존재의 원

---

[104] *DUI* 1장 (14번) 참조.
[105] *DA* 1.1, 403a10-12.
[106] 베커 판에서는 12권으로 분류된다.
[107] *Met* 12.1, 1069a 21-22; 참조: 7.1, 1028a18.

quod huiusmodi formae sunt principium essendi substantialiter. Forma igitur quae habet operationem secundum aliquam sui potentiam vel virtutem absque communicatione suae materiae, ipsa est quae habet esse, nec est per esse compositi tantum sicut aliae formae, sed magis compositum est per esse eius. Et ideo destructo composito destruitur illa forma quae est per esse compositi; non autem oportet quod destruatur ad destructionem compositi illa forma per cuius esse compositum est, et non ipsa per esse compositi.

39. Si quis autem contra hoc obiiciat quod Aristoteles dicit in I *De anima*, quod "intelligere et amare et odire non sunt illius passiones, id est animae, sed huius habentis illud secundum quod illud habet; quare et hoc corrupto neque memoratur neque amat, non enim illius erant sed communis, quod quidem destructum est": patet responsio per dictum Themistii hoc exponentis, qui dicit "Nunc dubitanti magis quam docenti assimilatur" Aristoteles. Nondum enim destruxerat opinionem dicentium non differre intellectum et sensum;

40. unde in toto illo capitulo loquitur de intellectu sicut de sensu: quod patet praecipue ubi probat intellectum incorruptibilem per

---

[108] *DA* 1.4, 408b25-29.

[109] Themistius, *In De anima*, in G. Verbeke, ed., *Commentaire sur le Traité de l'âme*

리라는 점은 예외로 한다. 따라서 질료에 결합되지 않은 채 그것 자신의 가능태나 능력에 의해 작용을 지니는 형상은 스스로 존재를 소유하며 다른 형상들처럼 복합체의 존재를 통해서만 실재하게 되는 것이 아니라 복합체가 그것의 존재를 통해 실재하게 된다. 그러므로 복합체가 소멸할 때 그 복합체의 존재를 통해 실재하게 되는 형상은 소멸하는 반면, 복합체의 소멸 과정에서 자신의 존재를 통해 복합체가 실재하고 복합체의 존재를 통해 실재하지 않는 형상은 소멸할 필요가 없다.

39. 그러나 혹자는 이것에 반대하여 아리스토텔레스가 『영혼론』 제1권에서 "생각하고, 사랑하고, 미워하는 것은 그것, 즉 영혼이 영향을 받는 것이 아니라 그것을 가지는 한 그것을 가지는 이가 영향을 받는 것이다. 그러므로 이것[복합체]이 소멸될 때, 그것[영혼]은 기억하지도 사랑하지도 않는다. 왜냐하면 이 작용들은 영혼에 속하지 않았고 소멸된 복합체에 속했기 때문이다"[108]라고 말한 것을 제시할시도 모른다. 그 대답은, 테미스티우스가 이 점에 대해 설명하면서 아리스토텔레스는 "지금 가르치는 사람이라기보다는 회의懷疑하는 사람에 가깝다"[109]라고 말한 곳에서 드러난다. 왜냐하면 그[아리스토텔레스]는 지성과 감각이 다르지 않다고 말한 사람들의 견해를 아직 파기하지 않았기 때문이다.

40. 그래서 그는 그 장 전체에서 감각에 대해서 말했듯이 지성에 대해서도 말한다. 이 점은 특히 그가 늙어서까지 소멸되지 않는 감각을 예로 들어

---

d'Aristote. Traduction de Guilaume de Moerbecke (Louvain: Publications Universitaires de Louvain 1957) 2, 75.90-91.

exemplum sensus, qui non corrumpitur ex senectute. Unde et per totum sub conditione et sub dubio loquitur sicut inquirens, semper coniungens ea quae sunt intellectus his quae sunt sensus: quod praecipue apparet ex eo quod in principio solutionis dicit "Si enim et quam maxime dolere et gaudere et intelligere" etc. Si quis autem pertinaciter dicere vellet quod Aristoteles ibi loquitur determinando; adhuc restat responsio, quia intelligere dicitur esse actus coniuncti non per se sed per accidens, in quantum scilicet eius obiectum, quod est phantasma, est in organo corporali, non quod iste actus per organum corporale exerceatur.

41. Si quis autem quaerat ulterius: si intellectus sine phantasmate non intelligit, quomodo ergo anima habebit operationem intellectualem postquam fuerit a corpore separata? Scire autem debet qui hoc obiicit, quod istam quaestionem solvere non pertinet ad naturalem. Unde Aristoteles in II *Physicorum* dicit de anima loquens "Quomodo autem separabile hoc se habeat et quid sit, philosophiae primae opus est determinare". Aestimandum est enim quod alium modum intelligendi habebit separata quam habeat coniuncta, similem scilicet aliis substantiis separatis. Unde non sine causa Aristoteles quaerit in III *De anima* 'utrum intellectus non separatus a ma-

---

[110] *DA* 1.4, 408b19-24.　　[111] *DA* 1.4, 408b5-6.

[112] 심상(心象)은 상상력에 수용된 인식 대상의 속성인 phantasma 또는 imago를 가리킨다. 상상력은 내적 감각들 가운데 하나다. 외적 감각에 수용된 인식 대상의 속성인 감각상(spe-

지성을 소멸하지 않는 것으로 입증하는 데서 드러난다.[110] 그러므로 그는 지성을 특징짓는 것들을 감각을 특징짓는 것들과 줄곧 결합시키면서, 캐묻기를 즐겨하는 사람처럼 장 전체를 통해 조건적으로 그리고 의심스럽게 말한다. 이 점은 특히 해결책의 첫 부분에서 그가 "무엇보다도 고통스러워하고, 기뻐하고, 생각하는 것이 [운동]이라면"[111]이라고 말한 것에 드러난다. 그러나 아리스토텔레스가 거기서 확정적으로 말하고 있다는 주장을 누군가 고집한다면, 또 다른 대답이 남아 있다: 사고 작용의 대상인 심상[112]이 신체 기관에 있는 한, 사고 작용은 본질적 의미가 아니라 우유적 의미에서 복합체의 작용이라고 말할 수 있다. 하지만 이 작용이 신체 기관을 통해 수행된다는 뜻은 아니다.

41. 지성이 심상 없이 사고 작용을 하지 않는다면 영혼이 신체에서 분리된 후 어떻게 그 영혼이 지성적 작용을 가질 수 있는가라고 더 깊이 묻는 이가 있다면, 이런 반론을 제기한 사람은 그 질문을 해결하는 것이 자연철학에 속한 것이 아니라는 사실을 알아야 한다. 따라서 아리스토텔레스는 『자연학』제2권에서 영혼에 대해 말하면서 "그러나 어떻게 이것이 분리될 수 있는지, 그리고 그것이 무엇인지를 결정하는 것이 제일철학의 임무다"라고 언급한다.[113] 왜냐하면 분리된 [영혼은] 결합된 [영혼의] 사고 작용과는 다른 방식, 즉 다른 분리된 실체들의 사고 작용과 유사한 방식을 취할 것이라고 생각되기 때문이다. 그러므로 아리스토텔레스가 『영혼론』제3권에서 '[공간적] 크기로부터 분리되지 않는 지성이 분리된 것을 인식할 수

---

cies sensibilis)과 지성에 수용된 지성상(species intelligibiles)이 다르듯이, 심상은 감각상과도 다르다. 심상과 감각상의 차이에 대해서는 Eleonore Stump, *Aquinas* (London and New York: Routledge 2003) 256-62 참조.

[113] *Phys* 2.2, 194b14-15.

gnitudine intelligat aliquid separatum': per quod dat intelligere quod aliquid poterit intelligere separatus, quod non potest non separatus.

42. In quibus etiam verbis valde notandum est quod, cum superius utrumque intellectum, scilicet possibilem et agentem, dixerit separatum, hic tamen dicit eum non separatum. Est enim separatus in quantum non est actus organi, non separatus vero in quantum est pars sive potentia animae quae est actus corporis, sicut supra dictum est. Huiusmodi autem quaestiones certissime colligi potest Aristotelem solvisse in his quae patet eum scripsisse de substantiis separatis, ex his quae dicit in principio XII *Metaphysicae*; quos etiam libros vidi numero X, licet nondum in lingua nostra translatos.

43. Secundum hoc igitur patet quod rationes inductae in contrarium necessitatem non habent. Essentiale enim est animae quod corpori uniatur; sed hoc impeditur per accidens, non ex parte sua sed ex parte corporis quod corrumpitur: sicut per se competit levi sursum esse, et 'hoc est levi esse ut sit sursum', ut Aristoteles dicit

---

[114] *DA* 3.7, 431b17-19.

[115] 참조: *DUI* 5장 (118번); 『진리론』(*De Veritate*) 18.5 ad 8; *QDA* q.16; *In DA* 3.12, 305-319.

[116] *Met* 13.1, 1076a10-13. 『지성단일성』 집필 당시 토마스가 사용한 『형이상학』 판본에는 제11권이 빠져 있었다는 것이 문헌학자들의 공통된 견해다. 따라서 그가 말하는 '제12권'은 현대 베커 판 제13권에 해당한다.

는지'¹¹⁴의 여부에 대한 질문을 제기한 것은 이유가 없지는 않다. 그는 이것을 통해 지성이 분리되지 않는 동안에 인식할 수 없는 것을 분리된 상태에서 인식할 수 있게 될 것이라는 점을 우리에게 이해시킨다.

42. 또한 이 말에서 특히 주목해야 할 점은 그가 앞에서는 두 가지 지성, 즉 가능지성과 능동지성이 분리된다고 말한 반면 여기서는 그것들이 분리되지 않는다고 말하고 있다는 것이다. 왜냐하면 지성은 기관의 현실태가 아닌 한에서 분리되지만 앞에서 말한 것처럼 신체의 현실태인 영혼의 일부나 능력인 한에서 분리되지 않기 때문이다. 한편 아리스토텔레스가 분리된 실체들에 대해 적고 있는 곳¹¹⁵에서 이런 종류의 질문을 해결했다는 사실은 『형이상학』 제12권의 첫머리에서¹¹⁶ 말하는 것에서 매우 확실하게 추론될 수 있다. 나는 열 권을 보았지만¹¹⁷ 아직 우리의 언어로 번역되지 않았다.

43. 그러므로 이것에 의하면, 상반되는 [입장을] 초래한¹¹⁸ 논변들이 필연성을 가진 것들이 아님은 분명하다. 왜냐하면 신체에 결합된다는 점은 영혼에 본질적인 것이지만, 이 결합은 영혼 때문이 아니라 소멸되는 신체 때문에 우유적으로 방해를 받게 되기 때문이다. 마찬가지로, 공중에 뜨는 [속성]은 가벼운 것에만 속한 것이며, 아리스토텔레스는 『자연학』 제8권에

---

¹¹⁷ 여기서 '열 권'이 무엇을 의미하는지를 놓고 논란이 지속되었다. 당시 아직 번역되지 않은 『형이상학』의 나머지 부분을 가리킨다는 해석과 함께 아리스토텔레스의 위서로 알려진 『아리스토텔레스의 신학』의 아랍어 판본을 가리킨다는 해석이 유력하지만, 의견의 일치를 볼 만큼의 문헌학적 발견은 아직 없는 상태에. 이런 문헌학적 배경에 대해서는 『지성단일성』의 레오 판본에 대한 고티에(Gauthier)의 서문(281-2)과 A. de Libera, *L'unité de l'intellect contre les averroïstes, suivi des Textes contre Averroès antérieurs à 1270*, 245-7 참조.

¹¹⁸ *DUI* 1장 (32번) 참조.

in VIII *Physicorum*, "contingit tamen per aliquod impedimentum quod non sit sursum".

Ex hoc etiam patet solutio alterius rationis. Sicut enim quod habet naturam ut sit sursum, et quod non habet naturam ut sit sursum, specie differunt; et tamen idem et specie et numero est quod habet naturam ut sit sursum, licet quandoque sit sursum et quandoque non sit sursum propter aliquod impedimentum: ita differunt specie duae formae, quarum una habet naturam ut uniatur corpori, alia vero non habet; sed tamen unum et idem specie et numero esse potest habens naturam ut uniatur corpori, licet quandoque sit actu unitum, quandoque non actu unitum propter aliquod impedimentum.

44. Adhuc autem ad sui erroris fulcimentum assumunt quod Aristoteles dicit in libro *De generatione animalium*, scilicet "intellectum solum de foris advenire et divinum esse solum"; nulla autem forma quae est actus materiae advenit de foris, sed educitur de potentia materiae: intellectus igitur non est forma corporis.

Obiiciunt etiam quod omnis forma corporis mixti causatur ex elementis; unde si intellectus esset forma corporis humani, non esset ab extrinseco, sed esset ex elementis causatus.

Obiiciunt etiam ulterius circa hoc, quod sequeretur quod etiam vegetativum et sensitivum esset ab extrinseco: quod est contra

---

[119] *Phys* 8.4, 255b15-16과 19-20.

[120] 아리스토텔레스 『동물 발생론』(*De generatione animalium*) 2.3, 736b27-28.

서 "가벼운 사물의 본성은 공중에 뜨는 것이지만', 그것이 바로 어떤 방해 작용 때문에 공중에 뜨지 않을 수도 있다"[119]고 말한다.

또한 이것에서 나머지 논변의 해결책도 드러난다. 공중에 뜨는 본성을 지닌 것과 공중에 뜨는 본성을 지니지 않는 것은 종적種的으로 다르다. 그러나 공중에 뜨는 본성을 지닌 것이 때로는 공중에 떠 있고 때로는 어떤 방해 때문에 공중에 떠 있지 못할지라도 종과 수에 있어서 동일하다. 따라서 마찬가지로 두 가지 형상, 즉 신체에 결합되는 본성을 지닌 것과 그러한 본성을 지니지 않는 것은 종적으로 다르다. 그러한 신체에 결합되는 본성을 지닌 것이 때로는 현실태적으로 결합되고 또 때로는 어떤 방해 때문에 현실태적으로 결합되지 않을지라도 종과 수에 있어서 동일하다.

44. 그러나 그들은 여전히 자신들의 오류를 뒷받침하기 위해 아리스토텔레스가 자신의 저작 『동물 발생론』에서 말하는 점, 즉 "지성만이 외부에서 생겨나며 그것만이 신적이다"[120]는 말을 끌어들인다.[121] 그러나 질료가 현실태인 어떠한 형상도 외부에서 생겨나지 않고 오히려 질료의 가능태에서 생겨난다. 그러므로 지성은 신체의 형상이 아니다.

그들은 또한 혼합된 신체의 모든 형상이 원소에서 야기된다는 반론을 제기한다.[122] 그러므로 지성이 인간 신체의 형상이라면 그것은 외부에서 온 것이 아니라 원소들에서 야기될 것이다.

그들은 또한 이 점에 대해 생장 능력과 감각 능력 역시 외부에서 오게 될 것이라는 다른 반론을 제시한다. 특히 생장 능력, 감각 능력 그리고 지

---

[121] *QIIIDA*, 1, 3.48; DAI 8, 109.11-14.

[122] 참조: *LCDA* 3.5, 397.312 이하.

Aristotelem; praecipue si esset una substantia animae cuius potentiae essent vegetativum, sensitivum et intellectivum; cum intellectus sit ab extrinseco, secundum Aristotelem.

45. Horum autem solutio in promptu apparet secundum praemissa. Cum enim dicitur quod omnis forma educitur de potentia materiae, considerandum videtur quid sit formam de potentia materiae educi. Si enim hoc nihil aliud sit quam materiam praeexistere in potentia ad formam, nihil prohibet sic dicere materiam corporalem praeextitisse in potentia ad animam intellectivam; unde Aristoteles dicit in libro *De generatione animalium* "Primum quidem omnia visa sunt vivere talia, scilicet separata fetuum, plantae vita; consequenter autem palam quia et de sensitiva dicendum anima et de activa et de intellectiva: omnes enim necessarium potentia prius habere quam actu".

46. Sed quia potentia dicitur ad actum, necesse est ut unumquodque secundum eam rationem sit in potentia, secundum quam rationem convenit sibi esse actu. Iam autem ostensum est quod aliis formis, quae non habent operationem absque communicatione materiae, convenit sic esse actu magis ipsae sint quibus composita sunt, et quodammodo compositis coexistentes, quam quod ipsae suum esse habeant; unde sicut totum esse earum est in concretione ad materiam, ita totaliter educi dicuntur de potentia materiae. Ani-

성 능력이 있는 영혼이라는 하나의 실체가 있다면 이 반론은 아리스토텔레스와 상반된다. 아리스토텔레스에 의하면 지성은 외부에서 생긴 것이기 때문이다.

45. 하지만 이런 [반론들]에 대한 해결책은 이미 말한 것들에 의해 쉽사리 드러난다. 사실 모든 형상이 질료의 가능태에서 도출된다고 말할 때, 형상이 질료의 가능태에서 도출된다는 의미가 무엇인지를 탐구해야 하는 것처럼 보인다. 이것이 질료가 형상 이전에 가능태로 미리 존재하는 것일 뿐이라면, 이런 의미에서 물질적 질료가 지성적 영혼에 대해 가능태로 미리 존재하고 있다고 말할 수 있다. 그러므로 아리스토텔레스는 『동물 발생론』에서 다음과 같이 말한다. "처음에는 모든 [동물이] 태아에서 분리되어 식물의 삶을 사는 것처럼 보였다. 그러나 결과적으로 감각혼, 능동적 영혼 그리고 이성적 영혼에 대해서도 그렇게 말해야 한다는 것이 분명하다. 왜냐하면 모든 것은 현실태 이전에 가능태로 소유되어야 하기 때문이다."[123]

46. 그러나 가능태는 현실태와 상관관계에 놓여 있기 때문에, 저마다의 사물은 본성적으로 현실태에 있는 것과 마찬가지로 본성적으로 가능태에 있음이 분명하다. 그러나 질료와의 결합 없이는 작용을 하지 않는 형상들은 자신의 고유한 존재를 지니는 형상들이라기보다는 복합체들을 존재하게 하고, 어떤 방식으로는 복합체들과 공존하는 형상들인 것처럼 현실태에 있는 것이 당연하다고 이미 말한 바 있다. 그러므로 그것들의 존재 전체가 질료와 결합되어 있는 것처럼 그것들은 질료의 가능태에서 전적으로 도출

---

[123] 『동물 발생론』 2.3, 736b12-15.

ma autem intellectiva, cum habeat operationem sine corpore, non est esse suum solum in concretione ad materiam; unde non potest dici quod educatur de materia, sed magis quod est a principio extrinseco. Et hoc ex verbis Aristotelis apparet "Relinquitur autem intellectum solum de foris advenire et divinum esse solum"; et causam assignat subdens "Nihil enim ipsius operationi communicat corporalis operatio".

47. Miror autem unde secunda obiectio processerit, quod si intellectiva anima esset forma corporis mixti, quod causaretur ex commixtione elementorum, cum nulla anima ex commixtione elementorum causetur. Dicit enim Aristoteles immediate post verba praemissa "Omnis quidem igitur animae virtus altero corpore visa est participare et diviniore vocatis elementis: ut autem differunt honorabilitate animae et vilitate invicem, sic et talis differt natura; omnium quidem enim in spermate existit quod facit genitiva esse spermata, vocatum calidum. Hoc autem non ignis neque talis virtus est, sed interceptus in spermate et in spumoso spiritus aliquis et in spiritu natura, proportionalis existens astrorum ordinationi". Ergo ex mixtione elementorum necdum intellectus, sed nec anima vegetabilis producitur.

---

[124] 『동물 발생론』 2.3, 736b27-29.

된다고 말할 수 있다. 따라서 지성적 영혼은 신체에서 분리된 작용을 소유하기 때문에, 질료와 결합되어 존재하지 않는다. 그러므로 그것이 질료에서 파생된다고 말할 수 없고 외부적 원리에 의해 파생된다고 말할 수 있다. 그리고 이 점은 "그러나 지성만이 외부에서 오며, 그것만이 신적이다"라는 아리스토텔레스의 말로 분명해진다. 그리고 그는 "신체의 작용은 결코 그것[지성]의 작용에 참여하지 않기 때문이다"[124]라고 그 이유를 덧붙여 설명한다.

47. 그러나 나는 둘째 반론, 즉 지성적 영혼이 혼합된 신체의 형상이라면 그것은 원소들의 복합에 의해 야기된다는 반론의 출처가 어디인지 궁금하다. 왜냐하면 어떠한 영혼도 원소들의 복합에서 생길 수 없기 때문이다. 사실 아리스토텔레스는 앞의 말 바로 다음에 이렇게 덧붙인다: "그러므로 사실 영혼의 모든 능력은 이른바 원소들과 다르며, 그 원소들보다 더 신적인 신체에 참여하는 것처럼 보인다. 그러나 하나의 영혼이 고귀함과 저속함의 측면에서 또 다른 영혼과 다르듯이, 그러한 본성도 다르다. 정액들로 하여금 번식하도록 하는 것은 모든 정액 안에 존재하는데, 이것은 열기라고 부른다.[125] 그러나 이것은 불이나 그런 어떤 능력이 아니라 정액과 거품이 이는 것 안에 포함된 영적인 것이다. 그리고 이 영적인 것 안에서 본성은 별들의 질서와 비례한다".[126] 그러므로 원소들의 복합체에서 지성은커녕 생장혼조차 산출되지 않는다.

---

[125] 참조: *Met* 7.9, 1034a33-34. 정액이 뭔가를 만들어 내는 방식은 기술자가 기술로 제작물을 만들어 내는 방식과 비슷하다고 아리스토텔레스는 설명한다.

[126] 『동물 발생론』 2.3, 736b29-737a1.

48. Quod vero tertio obiicitur, quod sequeretur vegetativum et sensitivum esse ab extrinseco, non est ad propositum. Iam enim patet ex verbis Aristotelis quod ipse hoc indeterminatum relinquit, utrum intellectus differat ab aliis partibus animae subiecto et loco, ut Plato dixit, vel ratione tantum. Si vero detur quod sint idem subiecto, sicut verius est, nec adhuc inconveniens sequitur. Dicit enim Aristoteles in II *De anima*, quod "similiter se habent ei quod de figuris et quae secundum animam sunt: semper enim in eo quod est consequenter, est potentia quod prius est, in figuris et in animatis; ut in tetragono quidem trigonum est, in sensitivo autem vegetativum".

49. Si autem idem subiecto est etiam intellectivum, quod ipse sub dubio relinquit, similiter dicendum esset quod vegetativum et sensitivum sint in intellectivo ut trigonum et tetragonum in pentagono. Est autem tetragonum quidem a trigono simpliciter alia figura specie, non autem a trigono quod est potentia in ipso; sicut nec quaternarius a ternario qui est pars ipsius, sed a ternario qui est seorsum existens. Et si contingeret diversas figuras a diversis agentibus produci, trigonum quidem seorsum a tetragono existens haberet aliam causam producentem quam tetragonum, sicut et habet aliam speciem; sed trigonum quod inest tetragono haberet eandem causam producentem. Sic

---

[127] *DUI* 1장 (7, 15, 16번) 참조.

48. 생장적 [부분]과 감각적 [부분]이 외부에서 생긴 것이라는 셋째 반박은 적절하지 않다. 왜냐하면 아리스토텔레스의 말에서 그가 플라톤이 말한 것처럼 지성이 주체와 장소의 측면에서 영혼의 다른 부분들과 다른지, 아니면 개념적으로만 다른지에 대해 미해결로 남겨 두고 있음이 이미 분명하기 때문이다.[127] 그러나 그것들이 주체의 측면에서 동일하다는 점을 진리에 좀 더 가까운 것으로 여긴다면 어떠한 불합리한 점도 생기지 않는다. 왜냐하면 아리스토텔레스는 『영혼론』 제2권에서 "도형과 영혼 사이에는 유사성이 있다. 왜냐하면 도형과 생명체 양자 안에서 앞선 것들이 뒤에 오는 것들 안에 가능태로 존재한다는 점은 항상 참이기 때문이다. 마치 삼각형이 사각형 안에 존재하듯이, 생장적 [부분]은 감각적 [부분] 안에 존재한다"[128]고 말하기 때문이다.

49. 그러나 그가 불확실하게 남겨 둔 지성적 [부분]이 동일한 주체 안에 있다면, 삼각형과 사각형이 오각형 안에 있는 것과 마찬가지로 생장적 [부분]과 감각적 [부분]은 지성석 [부분] 안에 있다고 말해야 한다. 사각형은 종에 있어서 삼각형과 단적으로 다른 도형이지만 그 안에 가능태로 있는 삼각형과 다르지 않다. 예컨대, 4가 본질적으로는 3과 다르지 않지만 그것과 분리되어 존재하는 3과 다르다. 그리고 다양한 작용자가 다양한 도형을 산출한다면, 사각형과 따로 떨어져 있는 삼각형은 그 종種이 사각형과 다르듯이 그 산출 원인도 다를 것이다. 그러나 사각형 안에 있는 삼각형의 산출 원인은 [사각형과] 다르지 않을 것이다. 그러므로 감각[혼]에서 분리

---

[128] *DA* 2.3, 414b28-32.

igitur vegetativum quidem seorsum a sensitivo existens alia species animae est, et aliam causam productivam habet; eadem tamen causa productiva est sensitivi, et vegetativi quod inest sensitivo. Si ergo sic dicatur quod vegetativum et sensitivum quod inest intellectivo, est a causa extrinseca a qua est intellectivum, nullum inconveniens sequitur: non enim inconveniens est effectum superioris agentis habere virtutem quam habet effectus inferioris agentis, et adhuc amplius; unde et anima intellectiva, quamvis sit ab exteriori agente, habet tamen virtutes quas habent anima vegetativa et sensitiva, quae sunt ab inferioribus agentibus.

50. Sic igitur, diligenter consideratis fere omnibus verbis Aristotelis quae de intellectu humano dixit, apparet eum huius fuisse sententiae quod anima humana sit actus corporis, et quod eius pars sive potentia sit intellectus possibilis.

되어 존재하는 생장[혼]은 실제로 다른 종류의 영혼이고 산출 원인이 다르지만, 감각[혼] 안에 있는 감각적인 것과 생장적인 것은 산출 원인이 같다. 따라서 지성적 [영혼]에 내재하는 생장적 [부분]과 동물적 [부분]들이 지성적 부분의 원인인 외재적 원인에서 나온다고 말하면 어떤 어려움도 생기지 않는다. 왜냐하면 탁월한 작용자의 결과가 열등한 작용자의 결과에 속한 능력이나 심지어 그 이상을 가져야 하는 것은 부적합하지 않기 때문이다. 따라서 비록 지성적 영혼은 외부의 작용자에서 나올지라도, 그것에는 열등한 작용자에서 나오는 생장혼과 감각혼이 소유하는 능력도 있다.

50. 그러므로 아리스토텔레스가 인간 지성에 대해 한 모든 말을 이렇게 주의 깊게 고려한다면, 인간 영혼이 신체의 현실태이며 가능지성은 그 영혼의 일부거나 능력이라는 점이 그의 입장이었음은 분명해진다.

DE UNITATE INTELLECTUS

CAPITULUM II

51. Nunc autem considerare oportet quid alii Peripatetici de hoc ipso senserunt. Et accipiamus primo verba Themistii in Commento de anima, ubi sic dicit "Intellectus iste quem dicimus in potentia magis est animae connaturalis", scilicet quam agens; "dico autem non omni animae, sed solum humanae. Et sicut lumen potentia visui et potentia coloribus adveniens actu quidem visum fecit et actu colores, ita et intellectus iste qui actu non solum ipsum actu intellectum fecit, sed et potentia intelligibilia actu intelligibilia ipse instituit". Et post pauca concludit "Quam igitur rationem habet ars ad materiam, hanc et intellectus factivus ad eum qui in potentia. Propter quod et in nobis est intelligere quando volumus. Non enim

---

[1] Themistius, *In De anima*, 3, 225.2-8.

지　　성　　단　　일　　성

제2장_소요학파 이론을 통한 지성분리성 비판

51. 이제 다른 소요학파 사람들이 이 점에 대해 어떻게 생각했는지를 탐구해야 한다. 첫째, 테미스티우스가 『영혼론 주해』에서 말한 점에 대해 다루어 보자. 그는 거기서 다음과 같이 말한다. "우리가 가능태로 있다고 일컫는 그 지성은" 능동지성보다 "영혼과 본성적으로 더욱 유사하다. 허지만 내가 가리키는 영혼은 모든 영혼이 아니라 단지 인간 영혼에 해당하는 것이다. 그리고 가능태로 있는 시각과 색깔에 들어오는 빛이 그 시각과 색깔을 현실태로 있게 하듯이, 현실태에 있는 그 지성은 [가능태에 있는] 지성을 현실태에 있게 할 뿐 아니라 가능태에 있는 지성상을 현실태에 있는 지성상으로 만든다".[1] 그리고 그는 몇 마디 후 다음과 같이 주장한다. "기술이 질료와 맺는 관계는 제작지성[2]이 가능태에 있는 [지성]과 맺는 관계와 같다. 이런 이유로 인해 우리가 원할 때마다 사고 작용은 우리 안에 있게

---

[2] 라틴어 *factivus*는 그리스어 *poietikos*에 상응하는 용어다. '제작지성'은 알렉산더 아프로디시아스가 사용한 개념이며 능동지성(intellectus agens)에 해당한다.

est ars materiae exterioris, sed investitur toti potentia intellectui qui factivus; ac si utique aedificator lignis et aerarius aeri non ab extrinseco existeret, per totum autem ipsum penetrare potens erit. Sic enim et qui secundum actum intellectus intellectui potentia superveniens unum fit cum ipso".

52. Et post pauca concludit "Nos igitur sumus aut qui potentia intellectus, aut qui actu. Si quidem igitur in compositis omnibus ex eo quod potentia et ex eo quod actu, aliud est hoc et aliud est esse huic, aliud utique erit ego et mihi esse. Et ego quidem est compositus intellectus ex potentia et actu, mihi autem esse ex eo quod actu est. Quare et quae meditor et quae scribo, scribit quidem intellectus compositus ex potentia et actu, scribit autem non qua potentia sed qua actu; operari enim inde sibi derivatur". Et post pauca adhuc manifestius "Sicut igitur aliud est animal et aliud animali esse, animali autem esse est ab anima animalis, sic et aliud quidem ego, aliud autem mihi esse. Esse igitur mihi ab anima et hac non omni; non enim a sensitiva, materia enim erat phantasiae; neque rursum a phantastica, materia enim erat potentia intellectus; neque eius qui potentia intellectus, materia enim est factivi. A solo igitur factivo est mihi esse". Et post pauca subdit "Et usque ad hunc progressa

---

[3] *In De anima*, 3, 225.16-24.

된다. 왜냐하면 기술은 질료의 외부에 있지 않은 데 반해, 제작지성은 능력 전체를 둘러싸고 있기 때문이다. 예컨대, [건물을] 짓는 자가 목재 외부에 존재하지 않고, 대장장이가 청동 외부에 존재하지 않는다면, 그들은 전체에 걸쳐 관통하는 능력을 가지게 될 것이다. 이런 방식으로 현실태에 있는 지성은 가능태에 있는 지성에 수반하며, 그것과 하나가 된다."[3]

52. 그리고 그는 몇 마디 후 다음과 같이 결론짓는다. "그러므로 우리는 가능태로 있는 지성이 되든지 아니면 현실태로 있는 지성이 된다. 가능태로 있는 것과 현실태로 있는 것으로 이루어진 모든 사물 안에서 이것과 이것에 속한 존재가 별개라면, 나와 나에게 속한 존재는 별개일 것이다. 그리고 나는 가능태와 현실태로 구성된 지성이지만 나에게 속한 존재는 현실태로 있는 것에서 나온 것이다. 따라서 내가 생각하는 것과 내가 쓰는 것 둘 다를 가능태와 현실태로 이루어진 지성이 쓰는 것이지만, 실제로 그것은 가능태가 아니라 현실태로 있는 한 쓰게 된다. 왜냐하면 바로 거기에서 그것의 작용이 나오기 때문이다." 그리고 그는 몇 마디 후 훨씬 더 분명히 말한다. "그러므로 동물과 동물에게 속한 존재는 별개지만 후자가 동물의 영혼에서 나오듯이, 나와 나에게 속한 존재도 별개다. 따라서 나에게 속한 존재는 영혼에서 나오는 것이지만 [영혼의] 모든 [부분]에서 나오는 것은 아니다. 감각적 [부분]은 상상력에 대해 질료이기 때문에 나에게 속한 존재는 그것에서 나오지 않는다. 또한 상상적 [부분]은 가능태로 있는 지성에 대해 질료이기 때문에, 나에게 속한 존재는 그것에서 나오지 않는다. 가능태에 있는 지성은 제작지성에 대해 질료이기 때문에 나에게 속한 존재는 그것에서 나오지 않는다. 그러므로 나에게 속한 존재는 제작지성에서만 나온다." 그리고 그는 몇 마디 더한 후 이렇게 부언한다. "이렇게까지

natura cessavit, tamquam nihil habens alterum honoratius cui faceret ipsum subiectum. Nos itaque sumus activus intellectus."

53. Et postea reprobans quorundam opinionem dicit "Cum praedixisset, scilicet Aristoteles, in omni natura hoc quidem materiam esse, hoc autem quod materiam movet aut perficit, necesse ait et in anima existere has differentias, et esse aliquem hunc talem intellectum in omnia fieri, hunc talem in omnia facere. In anima enim ait esse talem intellectum et animae humanae velut quamdam partem honoratissimam". Et post pauca dicit "Ex eadem etiam littera hoc contingit confirmare, quod putat, scilicet Aristoteles, aut nostri aliquid esse activum intellectum, aut nos".

Patet igitur ex praemissis verbis Themistii, quod non solum intellectum possibilem, sed etiam agentem partem animae humanae esse dicit, et Aristotelem ait hoc sensisse; et iterum quod homo est id quod est, non ex anima sensitiva ut quidam mentiuntur, sed ex parte intellectiva et principaliori.

54. Et Theophrasti quidem libros non vidi, sed eius verba introducit Themistius in Commento quae sunt talia, sic dicens "Melius est autem et dicta Theophrasti proponere de intellectu potentia et de eo qui actu. De eo igitur qui potentia haec ait: Intellectus autem quali-

---

[4] 같은 책, 3, 228.68-75; 228.79-229.85; 229.89-91.

[5] 같은 책, 3, 233.73-234.79; 234.88-90.

진보한 자연은 스스로 복종할 더 고귀한 것이 없는 듯 멈춘다. 따라서 우리는 활동지성이다."[4]

53. 그리고 그는 이후 어떤 이들의 견해를 거부하면서 다음과 같이 말한다. "그[아리스토텔레스]는 모든 자연에 질료와 그 질료를 움직이며 완성시키는 것이 있다고 말했기 때문에, 이런 차이들 역시 영혼 안에 존재해야 하며, 모든 것이 되는 그러한 지성과 모든 것을 만드는 또 다른 지성이 존재해야 한다고 말한다. 왜냐하면 그는 영혼 안에 그러한 지성이 있으며, 말하자면 그것이 인간 영혼의 가장 고귀한 부분이라고 언급하기 때문이다." 그리고 그는 몇 마디 후 다음과 같이 말한다. "또한 동일한 텍스트에서 아리스토텔레스는 능동지성이 우리의 일부든지 우리 자신이든지 어느 한쪽이 자신의 생각이라는 점을 확인한다."[5]

그러므로 테미스티우스의 이전 말로 보아 그가 가능지성뿐 아니라 능동지성도 인간 영혼의 일부분이라고 주장하고, 아리스토텔레스가 이렇게 생각했다고 말하고 있음이 분명하다. 더욱이 인간이 바로 인간이 된다는 사실은 어떤 이가 잘못 말한 것처럼 감각혼 때문이 아니라 더 중요한 지성적 부분에서 나온다고 말하고 있음도 분명하다.

54. 나는 실제로 테오프라스투스의 책들을 본 적이 없지만, 테미스티우스는 자신의 『영혼론 주해』에서 다음과 같이 말하면서 그[테오프라스투스]의 말을 소개한다. "그러나 가능태로 있는 지성과 현실태로 있는 지성 둘 다에 대해 테오프라스투스가 한 말을 설명하는 것이 더 낫다. 따라서 그는 가능태로 있는 [지성]에 대해 다음과 같이 말한다: 그것이 외부로부터 존

ter a foris existens et tamquam superpositus, tamen connaturalis? Et quae natura ipsius? Hoc quidem enim nihil esse secundum actum, potentia autem omnia bene, sicut et sensus. Non enim sic accipiendum est ut neque sit ipse, litigiosum est enim, sed ut subiectam quamdam potentiam sicut et in materialibus. Sed hoc a foris igitur, non ut adiectum, sed ut in prima generatione comprehendens ponendum".

55. Sic igitur Theophrastus, cum quaesivisset duo: primo quidem quomodo intellectus possibilis sit ab extrinseco, et tamen nobis connaturalis; et secundo quae sit natura intellectus possibilis: respondit primo ad secundum quod est in potentia omnia, non quidem sicut nihil existens sed sicut sensus ad sensibilia. Et ex hoc concludit responsionem primae quaestionis, quod non intelligitur sic esse ab extrinseco quasi aliquid adiectum accidentaliter vel tempore procedente, sed a prima generatione, sicut continens et comprehendens naturam humanam.

56. Quod autem Alexander intellectum possibilem posuerit esse formam corporis, etiam ipse Averroes confitetur; quamvis, ut arbitror, perverse verba Alexandri acceperit, sicut et verba Themistii praeter eius intellectum assumit. Nam quod dicit, Alexandrum dix-

---

[6] 같은 책, 3, 242.54-62 참조.

재하는 것이면서 마치 [인간에게] 부가된 것임에도 불구하고 어떻게 [인간과] 본성적으로 유사할 수 있는가? 그리고 그것의 본성은 무엇인가? 왜냐하면 그것은 현실태로는 아무것도 아니지만 감각처럼 가능태로는 모든 것이 되기 때문이다. 이 말은 논쟁의 여지가 있다. 이런 까닭에 그것을 존재하지 않는다고 이해해서는 안 되고, 물질적 사물의 경우에서처럼 주체로서 사용되는 가능태로 이해해야 한다. 그러나 외부에서 온 이것은 부가된 것이 아니라 생성의 시초에 포함된 것으로 이해해야 한다."[6]

55. 그러므로 테오프라스투스는 두 가지 질문, 즉 첫째, 가능지성이 외부에서 오는 것임에 불구하고 어떻게 본성적으로 우리와 유사할 수 있는지, 그리고 둘째, 가능지성의 본성이 무엇인가라는 질문을 제기했다. 그는 먼저 둘째 질문에 대해 그것이 무로 존재하는 것으로서가 아니라, 감각이 감각 대상들에 대해 가능태로 있는 것처럼 모든 사물에 대해 가능태로 있다고 대답했다. 그리고 그는 이 점에서 첫째 질문에 대한 대답을 이끌어 낸다. 즉, 그것은 부수적인 것이나 이전에 부가된 것이 아니라 인간 본성을 포함하고 구성하는 것처럼 생성의 시초에 외부에서 온 것으로 이해되어야 한다는 것이다.

56. 내 생각으로는 아베로에스가 테미스티우스의 취지를 넘어 그의 말을 해석한 것처럼 알렉산더의 말을 오해했을지라도,[7] 심지어 그[아베로에스]는 알렉산더가 가능지성을 신체의 형상이라고 주장했다고 인정한다.[8] 왜

---

[7] 토마스는 테미스티우스의 『영혼론 주해』에 대한 모에르베케의 번역을 입수하기 이전 초기 저작들(In Sent 2.17.2.1; SCG 2.62)에서 테미스티우스와 알렉산더 아프로디시아스 모두 지성의 분리성과 단일성을 주장한 것으로 해석했다.

[8] LCDA 3.5, 393.196-394.227.

isse intellectum possibilem non esse aliud quam praeparationem quae est in natura humana ad intellectum agentem et ad intelligibilia: hanc praeparationem nihil aliud intellexit quam potentiam intellectivam quae est in anima ad intelligibilia. Et ideo dixit eam non esse virtutem in corpore quia talis potentia non habet organum corporale, et non ex ea ratione, ut Averroes impugnat, secundum quod nulla praeparatio est virtus in corpore.

57. Et ut a Graecis ad Arabes transeamus, primo manifestum est quod Avicenna posuit intellectum virtutem animae quae est forma corporis. Dicit enim sic in suo libro *De anima* "Intellectus activus, id est practicus, eget corpore et virtutibus corporalibus ad omnes actiones suas contemplativus autem intellectus eget corpore et virtutibus eius, sed nec semper nec omnino: sufficit enim ipse sibi per se ipsum. Nihil autem horum est anima humana, sed anima est id quod habet has virtutes et, sicut postea declarabimus, est substantia solitaria, id est per se, quae habet aptitudinem ad actiones, quarum quaedam sunt quae non perficiuntur nisi per instrumenta et per usum eorum ullo modo; quaedam vero sunt quibus non sunt necessaria instrumenta aliquo modo".

Item, in prima parte dicit quod "anima humana est perfectio prima corporis naturalis instrumentalis, secundum quod attribuitur ei

---

⁹ *LCDA* 3.5, 393.196 이하 참조.

냐하면 알렉산더가 가능지성을 인간 본성 안에 있는 예비, 즉 능동지성과 지성상들을 위한 예비일 뿐이라고 말했다는 것이 그[아베로에스]의 주장이기 때문이다.9 그는 이 예비를 지성 대상을 위한 영혼 안의 지성적 가능태일 뿐이라고 이해했다. 그러므로 그가 그것이 신체 안에 있는 능력이 아니라고 말한 이유는 그러한 능력이 신체 기관을 가지고 있지 않다는 데 있을 뿐, 아베로에스가 반대한 점, 즉 어떠한 예비도 신체 안에 있는 능력이 아니라는 점에는 있지 않다.

57. 이제 그리스 사람들에게서 아랍 사람들로 옮겨가 보면, 무엇보다도 먼저 아비첸나가 지성을 신체의 형상인 영혼의 능력이라고 주장했다는 것은 분명하다. 왜냐하면 그는 자신의 저서 『영혼론』에서 다음과 같이 말하기 때문이다. "능동지성, 즉 실천지성은 자신의 모든 작용을 위해 신체와 신체의 능력들이 필요하다. 그러나 사변지성은 신체와 그 신체의 능력들이 필요하더라도 항상 필요한 것도 아니고 온전히 필요하지도 않다. 왜냐하면 그것은 그 자체로서 자기충족적이기 때문이다. 그런데 이런 [능력들] 가운데 어떠한 것도 인간 영혼이 아니다. 하지만 영혼은 이런 능력들을 가졌다. 또한 이후 드러나듯이 그것은 자립적이며 작용에 적합한 고립적 실체다. 이런 작용 가운데 어떤 것은 도구와 그 사용을 통해서만 완성될 수 있다. 하지만 도구가 전혀 필요하지 않은 것도 있다."10

또한 그는 첫째 부분에서 다음과 같이 말한다. "신중한 선택을 통해 작용을 수행하는 것, 반성을 통해 발견하는 것은 인간 영혼에 속하는 한 그

---

[10] Avicenna, *Liber de anima seu sextus de naturalibus*, S. Van Riet, ed., 2 vol. (Leiden: E.J. Brill 1968~1972) 5.1, 80.54-63.

agere actiones electione deliberationis, et adinvenire meditando, et secundum hoc quod apprehendit universalia". Sed verum est quod postea dicit et probat quod anima humana, secundum id quod est sibi proprium, id est secundum vim intellectivam, "non sic se habet ad corpus ut forma, nec eget ut sibi praeparetur organum".

58. Deinde subiungenda sunt verba Algazelis sic dicentis "Cum commixtio elementorum fuerit pulchrioris et perfectioris aequalitatis, qua nihil possit inveniri subtilius et pulchrius, tunc fiet apta ad recipiendum a datore formarum formam pulchriorem formis aliis, quae est anima hominis. Huius vero animae humanae duae sunt virtutes: una operans et altera sciens", quam vocat intellectum, ut ex consequentibus patet. Et tamen postea multis argumentis probat, quod operatio intellectus non fit per organum corporale.

59. Haec autem praemisimus, non quasi volentes ex philosophorum auctoritatibus reprobare suprapositum errorem; sed ut ostendamus quod non soli Latini, quorum verba quibusdam non sapiunt, sed etiam Graeci et Arabes hoc senserunt, quod intellectus sit pars vel potentia seu virtus animae quae est corporis forma. Unde miror

---

[11] 같은 책, 1.5, 80.12-16. 영혼을 신체와 분리되어 존재하는 비물질적 실체로 설명하는 아비첸나는 아리스토텔레스의 영혼에 대한 정의를 그대로 수용할 수 없었다. 그래서 아비첸나는 '형상' 대신 '완성' 또는 '움직이게 하는 자'(motor)라는 용어로 영혼을 정의한다.

[12] 같은 책, 2.1, 113.44-45.

리고 그것[인간 영혼]이 보편자들을 이해하는 한, 기관을 가진 물리적 신체의 제일 완성이다."[11] 그러나 그는 이후에 인간 영혼이 자신에게 고유한 것, 즉 지성 능력에 따라 "신체에 형상으로 관계 맺지 않으며 신체를 위해 제공되는 기관도 필요치 않다"[12]고 주장하고 입증한다는 점은 사실이다.

58. 다음으로 알가잘리의 말이 더해져야 한다. "원소들의 혼합이 그보다 더 섬세하거나 아름다운 것이 있을 수 없으리만큼 가장 아름답고 완벽하게 한결같을 때, 다른 형상들보다 더 아름다운 형상인 인간 영혼을 형상의 부여자[13]한테서 받아들이는 것이 적합할 것이다. 이런 인간 영혼에는 작용 능력과 인식 능력이라는 두 가지 능력이 있다."[14] 다음에 오는 말에서 드러나듯이, 그는 이것을 지성이라고 부른다. 그는 여러 논변을 통해 지성의 작용이 신체 기관을 통해서는 일어날 수 없음을 입증한다.

59. 우리는 철학자들의 권위를 통해 앞서 언급된 오류들을 거부하고자 해서가 아니라 어떤 이들이 잘 알지 못하는 견해를 가지는 라틴 사람들뿐 아니라 그리스 사람들과 아랍 사람들까지도 지성을 신체의 형상인 영혼의 가능태이거나 [영혼의] 일부 혹은 능력이라고 생각했다는 점을 보여 줄 목

---

[13] 아비첸나는 세계 창조와 인간 인식을 설명하기 위해 유출(emanatio) 이론을 제시한다. '형상의 부여자'는 신과 지상 세계를 매개하는 천체지성들 가운데 가장 낮은 위치를 차지하는 것으로 설정하는 능동지성에 상응하는 용어다. 이것은 모든 인간 사고 작용의 외적 원인으로 기능한다.

[14] Al-Ghazali, *Metaphysica*, J.T. Muckle, ed., (Toronto: St. Michael's College 1933) 2, tr.4, c.5, 171.2-11.

ex quibus Peripateticis hunc errorem se assumpsisse glorientur, nisi forte quia minus volunt cum ceteris Peripateticis recte sapere, quam cum Averroe oberrare, qui non tam fuit Peripateticus quam philosophiae Peripateticae depravator.

적으로 이것들을 설명했다. 그래서 아마 그들이 다른 소요학파 사람들과 더불어 제대로 알고자 했다기보다 오히려 소요학파가 아니라 소요학파 철학을 타락시킨 자였던 아베로에스와 더불어 오류를 범하려 하지 않았다면, 나는 그들이 이런 오류를 어떤 소요학파 사람들한테서 받아들였다고 내세우는지 궁금하다.

DE UNITATE INTELLECTUS

CAPITULUM III

60. Ostenso igitur ex verbis Aristotelis et aliorum sequentium ipsum quod intellectus est potentia animae quae est corporis forma, licet ipsa potentia quae est intellectus non sit alicuius organi actus, "quia nihil ipsius operationi communicat corporalis operatio", ut Aristoteles dicit; inquirendum est per rationes quid circa hoc sentire sit necesse. Et quia, secundum doctrinam Aristotelis, oportet ex actibus principia actuum considerare, ex ipso actu proprio intellectus qui est intelligere primo hoc considerandum videtur.

61. In quo nullam firmiorem rationem habere possumus ea quam Aristoteles ponit, et sic argumentatur: 'Anima est primum quo vivi-

---

1 『동물 발생론』 2.3, 736b28-29.

지　　　성　　　단　　　일　　　성

제3장_철학적 논변을 통한 지성분리성 비판

60. 아리스토텔레스가 말하듯이 "신체의 작용이 결코 지성의 작용에 참여하지 않기 때문에"[1] 지성이라는 능력 자체가 어떠한 기관의 활동도 아니지만, 지성은 신체의 형상인 영혼의 능력이라는 점이 아리스토텔레스와 그를 따르는 다른 이들의 말에서 드러났으므로, 우리는 논변을 통해 이 점에 대해 생각해야 할 것을 탐구해야 한다. 그리고 아리스토텔레스의 이론[2]에 따르면 활동의 원리는 활동 [자체]에서 탐구해야 하기 때문에, 먼저 탐구해야 할 것은 지성의 고유한 활동인 사고 작용인 것 같다.

61. 이 점에 대해서는 아리스토텔레스가 개진한 것보다 더 강한 논변이 있을 수 없다. 그는 다음과 같이 주장한다. '영혼은 우리로 하여금 생명을 지

---

[2] *DA* 2.4, 415a18-20. 이 이론은 아베로에스(*LCDA* 3.1, 380.40-41)와 시제(*QIIIDA* 4, 12.67)에서도 드러난다.

mus et intelligimus, ergo est ratio quaedam et species' corporis cuiusdam. Et adeo huic rationi innititur, quod eam dicit esse demonstrationem, nam in principio capituli sic dicit "Non solum quod quid est oportet definitivam rationem ostendere, sicut plures terminorum dicunt, sed et causam inesse et demonstrare"; et ponit exemplum: sicut demonstratur quid est tetragonismus, id est quadratum, per inventionem mediae lineae proportionalis.

62. Virtus autem huius demonstrationis et insolubilitas apparet, quia quicumque ab hac via divertere voluerint, necesse habent inconveniens dicere. Manifestum est enim quod hic homo singularis intelligit: numquam enim de intellectu quaereremus nisi intelligeremus; nec cum quaerimus de intellectu, de alio principio quaerimus quam de eo quo nos intelligimus. Unde et Aristoteles dicit "Dico autem intellectum quo intelligit anima". Concludit autem sic Aristoteles quod si aliquid est primum principium quo intelligimus, oportet illud esse formam corporis; quia ipse prius manifestavit quod illud quo primo aliquid operatur est forma. Et patet hoc per rationem, quia unumquodque agit in quantum est actu; est autem unumquodque actu per formam: unde oportet illud quo primo aliquid agit esse formam.

---

[3] *DA* 2.2, 414a12-14.

[4] *DA* 2.2, 413a13-20.

[5] a : b = b : c에서처럼 내항이 같을 때, 내항 b를 a와 c의 비례 중항이라 한다.

니게 하고, 사고 작용을 하도록 하는 제일원리다. 그러므로 그것은' 어떤 신체의 '어떤 근거나 형상이다'.³ 그리고 그는 이 논변에 의존하여 그것을 논증이라고 부른다. 왜냐하면 그는 그 장의 도입부에서, "여러 용어처럼 정의를 나타내는 공식은 그것이 무엇인지 드러내야 할 뿐 아니라 그것이 원인을 내포하고 있음을 입증해야 한다"⁴라고 말하기 때문이다. 그리고 그는 비례 중항比例中項⁵을 발견함으로써 사각형, 즉 네 변을 가진 도형의 본질이 입증된다는 예를 든다.

62. 이 논증이 유효하고 확실하다는 사실은, 이런 방식에서 이탈하려고만 하면 누구나 반드시 비합리적인 주장을 하게 된다는 데서 드러난다. 이 개별적 인간이 사고 작용을 한다는 것은 분명하다. 우리가 사고 작용을 하지 않는다면 결코 지성에 대한 질문을 제기하지 않을 것이기 때문이다. 그리고 지성에 대한 질문을 제기할 때, 우리는 우리로 하여금 사고 작용을 하도록 하는 바로 그 원리에 대해 묻고 있는 것이다. 따라서 아리스토텔레스는 "내가 가리키는 것은 영혼으로 하여금 사고 작용을 하도록 하는 지성이다"⁶라고 말한다. 그리하여 아리스토텔레스는, 어떤 것이 우리로 하여금 사고 작용을 하도록 하는 제일원리라면 그것이 신체의 형상임이 분명하다고 결론짓는다. 왜냐하면 그가 이미, 어떤 것으로 하여금 우선적으로 작용하도록 하는 것이 형상이라고 분명히 밝혔기 때문이다. 그리고 이 점은 다음 논변에서 분명해진다: 모든 것은 현실태로 있는 한 활동한다. 모든 것은 형상을 통해 현실태로 있게 된다. 그러므로 어떤 것을 우선적으로 활동하게 하는 것은 형상이다.

---

⁶ *DA* 3.4, 429a23.

63. Si autem dicas quod principium huius actus qui est intelligere, quod nominamus intellectum, non sit forma, oportet te invenire modum quo actio illius principii sit actio huius hominis. Quod diversimode quidam conati sunt dicere. Quorum unus Averroes, ponens huiusmodi principium intelligendi quod dicitur intellectus possibilis non esse animam nec partem animae nisi aequivoce, sed potius quod sit substantia quaedam separata, dixit quod intelligere illius substantiae separatae est intelligere mei vel illius, in quantum intellectus ille possibilis copulatur mihi vel tibi per phantasmata quae sunt in me et in te. Quod sic fieri dicebat: species enim intelligibilis quae fit unum cum intellectu possibili, cum sit forma et actus eius, habet duo subiecta, unum ipsa phantasmata, aliud intellectum possibilem. Sic ergo intellectus possibilis continuatur nobiscum per formam suam mediantibus phantasmatibus; et sic dum intellectus possibilis intelligit, hic homo intelligit.

64. Quod autem hoc nihil sit, patet tripliciter. Primo quidem quia sic continuatio intellectus ad hominem non esset secundum primam

---

[7] *LCDA* 2.21, 160.25-27과 2.32, 178.34-35.

[8] 원문은 '그의 사고 작용'(intelligere ⋯ illius)으로 되어 있으나, 문맥상 '너의 사고 작용'이 더 어울리겠다.

[9] *LCDA* 3.5, 400.376-394. 아베로에스의 이중주체론(theory of double subject)에 대해서는 Herbert Davidson, *Alfarabi, Avicenna, and Averroes on the Intellect: Their Cosmologies, Theories of the Active Intellect, and Theories of Human Intellect*, 289-92; Bernardo Bazán, "*Intellectum Speculativum*: Averroes, Thomas Aquinas and Siger of Brabant on the Intelligible Object", *Journal of the History of Philosophy* 19 (1981) 425-31 참조.

63. 하지만 당신이 우리가 지성이라고 부르는 이런 사고 작용의 원리를 형상이 아니라고 말한다면, 그 원리의 작용이 이 인간의 작용일 수 있는 방식을 발견해야 할 것이다. 이것을 여러 가지 방식으로 표현하려고 한 사람들이 있다. 그들 가운데 한 사람인 아베로에스는 가능지성이라고 불리는 이런 사고 작용의 원리가 다의적으로만 영혼이거나 영혼의 일부일 뿐, 분리된 실체라고 주장했다.[7] 그는 그 가능지성이 나와 너 안에 있는 심상을 통해 나 혹은 너에게 결합되는 한에서, 그 분리된 실체의 사고 작용이 나의 사고 작용이나 너의[8] 사고 작용이 된다고 말했다. 그는 이것이 다음과 같은 방식으로 일어난다고 했다:[9] 가능지성은 지성상[10]의 형상과 현실태이기 때문에, 가능지성과 하나가 되는 지성상은 심상들 자체와 가능지성이라는 두 가지 주체를 지닌다. 그러므로 가능지성은 심상을 매개로 하여 형상을 통해 우리와 결합한다. 그리하여 가능지성이 사고 작용을 하는 한, 이 인간은 사고 작용을 한다.

64. 그러나 이런 [설명]이 무의미하다는 것은 세 가지 이유에서 분명하다. 첫째 이유는 테오프라스투스가 말하듯이,[11] 그리고 자연철학자가 형상들

---

[10] 정확히 말해, 아베로에스는 '지성상'(species intelligibilis)이라는 용어 대신 '사고된 지향'(intentio intellecta), '사변적 사고 대상'(speculativa intellecta), 또는 '현실태에 있는 사고 대상'(intellecta in actu)이라는 용어를 사용한다. 그렇지만 그 역할은 토마스의 지성상과 동일하다고 보아도 좋다. 참조: B. Bazán, "*Intellectum Speculativum*: Averroes, Thomas Aquinas and Siger of Brabant on the Intelligible Object", 432.

[11] *DUI* 2장 (54-55번) 참조. *In De anima*, 3, 242.54-62.

eius generationem, ut Theophrastus dicit et Aristoteles innuit in II *Physicorum*, ubi dicit quod terminus naturalis considerationis de formis est ad formam secundum quam homo generatur ab homine et a sole. Manifestum est autem quod terminus considerationis naturalis est in intellectu; secundum autem dictum Averrois, intellectus non continuaretur homini secundum suam generationem, sed secundum operationem sensus, in quantum est sentiens in actu: phantasia enim est "motus a sensu secundum actum", ut dicitur in libro *De anima*.

65. Secundo vero, quia ista coniunctio non esset secundum aliquid unum, sed secundum diversa. Manifestum est enim quod species intelligibilis secundum quod est in phantasmatibus, est intellecta in potentia; in intellectu autem possibili est secundum quod est intellecta in actu, abstracta a phantasmatibus. Si ergo species intelligibilis non est forma intellectus possibilis nisi secundum quod est abstracta a phantasmatibus, sequitur quod per speciem intelligibilem non continuatur phantasmatibus, sed magis ab eis est separatus. Nisi forte dicatur quod intellectus possibilis continuatur phantasmatibus sicut speculum continuatur homini cuius species resultat in speculo; talis autem continuatio manifestum est quod non sufficit ad continuationem actus. Manifestum est enim quod actio speculi, quae est repraesentare, non propter hoc potest attribui ho-

---

[12] *Phys* 2.4, 194b9-13. 또한 *DUI* 1장 (41번) 참조.

에 대해 탐구하면서 도달하는 지향점이 형상이며 그 형상에 따라 인간이 인간과 태양에서 생성된다고 말하는 『자연학』 제2권에서 아리스토텔레스가 암시하듯이,[12] 지성과 인간의 그러한 결합은 인간이 생성되는 시초에 생기지 않을 것이라는 데 있다. 이제 자연철학자의 탐구에 있어서 지향점은 지성임이 분명하다. 하지만 아베로에스의 말에 따르면, 지성과 인간과의 결합은 인간의 생성에서부터 가능하지 않고 그 인간이 현실태로 감각 작용하는 한 감각 작용에 의해 [가능하게 된다]. 『영혼론』에서 말하듯이, 상상력은 "현실태로 있는 감각에 의해 움직인다".[13]

65. 둘째 이유는 이런 결합이 하나의 [원리]가 아니라 다양한 [원리]에 따라 생기게 될 것이라는 데 있다. 지성상[14]은 심상 안에 있는 한 가능태로 인식되지만,[15] 현실태로 인식되어 심상에서 추상되는 한 분명히 가능지성 안에 있게 된다. 그러므로 지성상은 심상에서 추상되는 한에 있어서만 가능지성의 형상이라면, 가능지성은 지성상을 통해 심상과 결합되지 않고 그것에서 분리된다. 행여 그렇지 않다면 거울이 그 거울에 상이 반사되어 있는 사람과 결합되는 것처럼, 가능지성이 심상들과 결합된다고 말할 수 있다. 그러나 그러한 결합은 작용의 결합으로서 충분치 않음이 분명하다. 왜냐하면 거울의 드러내는 작용은 이런 이유로 인해 사람에게 속할 수 없

---

[13] *DA* 3.3, 429a1-2.

[14] 지성 안에 수용된 인식 대상의 형상을 일컫는다. 지성상에 대해 설명하는 국내 문헌으로는 이상섭 「토마스 아퀴나스의 Species Intelligibilis 개념과 그것의 13세기 철학에서의 위치」 『가톨릭 철학』 5 (2003) 152-81 참조.

[15] 직역: '사고된다.'

mini: unde nec actio intellectus possibilis propter praedictam copulationem posset attribui huic homini qui est Socrates, ut hic homo intelligeret.

66. Tertio, quia dato quod una et eadem species numero esset forma intellectus possibilis et esset simul in phantasmatibus: nec adhuc talis copulatio sufficeret ad hoc quod hic homo intelligeret. Manifestum est enim quod per speciem intelligibilem aliquid intelligitur, sed per potentiam intellectivam aliquid intelligit; sicut etiam per speciem sensibilem aliquid sentitur, per potentiam autem sensitivam aliquid sentit. Unde paries in quo est color, cuius species sensibilis in actu est in visu, videtur, non videt; animal autem habens potentiam visivam, in qua est talis species, videt. Talis autem est praedicta copulatio intellectus possibilis ad hominem, in quo sunt phantasmata quorum species sunt in intellectu possibili, qualis est copulatio parietis in quo est color ad visum in quo est species sui coloris. Sicut igitur paries non videt, sed videtur eius color, ita sequeretur quod homo non intelligeret, sed quod eius phantasmata intelligerentur ab intellectu possibili. Impossibile est ergo salvari quod hic homo intelligat, secundum positionem Averrois.

67. Quidam vero videntes quod secundum viam Averrois sustineri non potest quod hic homo intelligat, in aliam diverterunt viam, et dicunt quod intellectus unitur corpori ut motor; et sic, in quantum

기 때문이다. 그러므로 앞에서 언급한 결합에 근거한다면 가능지성의 작용은 소크라테스라는 이 사람이 사고 작용을 할 수 있도록 이 사람에게 속할 수 없다.

66. 셋째 이유는, 비록 수적으로 동일한 상이 가능지성의 형상이면서 동시에 심상 안에 있다 하더라도 그러한 결합은 이 사람이 사고 작용을 한다는 사실을 [설명하기에] 여전히 충분하지 않을 것이라는 데 있다. 뭔가 감각상을 통해 [수동적으로] 감각되지만 감각 능력을 통해 그것을 [능동적으로] 감각하는 자는 인간이듯이, 뭔가 지성상을 통해 [수동적으로] 사고되지만 그것을 지성 능력을 통해 [능동적으로] 사고하는 자는 인간임이 분명하다. 그러므로 시각 안에서 현실태의 감각상을 만든 채색된 벽은 [능동적으로] 보는 [주체]가 아니라 [수동적으로] 보이는 것이다. 그러나 [능동적으로] 보는 [주체는] 그런 상이 맺히는 시각 능력을 가진 동물이다. 앞에서 언급한 가능지성과, 가능지성 안에 상을 가지는 심상을 소유한 인간의 결합은, 채색된 벽과 색깔의 상이 맺히는 시각의 결합과 유사하다. 그러므로 벽이 보는 작용을 하는 [주체]가 아니라 그것의 색깔이 보이는 [대상]인 것처럼, 인간은 사고 작용을 하는 [주체]가 아니라 그의 심상이 가능지성에 의해 [수동적으로] 사고되는 [대상]이 될 것이다. 그러므로 아베로에스 입장을 따른다면, 이 인간이 사고 작용을 한다는 사실을 설명할 수 없게 될 것이다.

67. 아베로에스의 방식에 따라 인간이 사고 작용을 한다는 이 [주장]이 인정될 수 없음을 관찰한 어떤 이들은 다른 방식을 택해 지성이 움직이게 하는 자로서 신체에 결합된다고 말한다.[16] 따라서 하나의 단일체가 움직이

ex corpore et intellectu fit unum ut ex movente et moto, intellectus est pars huius hominis: et ideo operatio intellectus attribuitur huic homini, sicut operatio oculi quae est videre attribuitur huic homini. Quaerendum est autem ab eo qui hoc ponit, primo quid sit hoc singulare quod est Socrates: utrum Socrates sit solus intellectus qui est motor; aut sit motum ab ipso, quod est corpus animatum anima vegetativa et sensitiva; aut sit compositum ex utroque. Et quantum ex sua positione videtur, hoc tertium accipiet quod Socrates sit aliquid compositum ex utroque.

68. Procedamus ergo contra eos per rationem Aristotelis in VIII *Metaphysicae* "Quid est igitur quod facit unum hominem". "Omnium enim quae plures partes habent et non sunt quasi coacervatio totum, sed est aliquod totum praeter partes, est aliqua causa unum essendi: sicut in quibusdam tactus, in quibusdam viscositas, aut aliquid aliud huiusmodi ⋯. Palam autem quia si sic transformant, ut consueverunt definire et dicere, non contingit reddere et solvere dubitationem. Si autem est ut dicimus: hic quidem materia illud vero forma, et hoc quidem potestate illud vero actu, non adhuc dubitatio videbitur esse".

---

[416] 시제 브라방의 주장으로 추정된다. *QIIIDA* 2, 6.50-51에는 "지성은 인간 종을 움직이게 하는 자"(intellectus est motor humanae speciei)라는 표현이, 그리고 *QIIIDA* 8, 25.26-27에는 "지성이 신체를 움직이는 것이거나 신체 안에 있는 움직이게 하는 자"(intellectus est movens corpus vel motor in corpore)라는 표현이 등장한다.

게 하는 자와 움직여지는 자에서 생기는 것처럼, 신체와 지성에서 생기는 한 지성은 이 인간의 일부분이다. 그러므로 눈의 보는 작용이 이 인간에게 속할 수 있듯이 지성의 작용도 이 인간에게 속한다. 그러나 이를 주장하는 이에게는 먼저, 소크라테스라는 이런 특수자는 무엇인가라고 질문해야 한다. 소크라테스는 단지 움직이게 하는 자인 지성일 뿐인가? 아니면 그는 지성에 의해 움직여지는 자, 즉 생장적이고 감각적인 혼에 의해 생명을 가지게 되는 신체인가? 아니면 그는 양자의 복합체인가? 그리고 그의 입장[17]이 확인되는 한에서, 그는 소크라테스가 양자의 복합체라는 셋째 대안을 받아들일 것이다.

68. 그러므로 『형이상학』 제8권에 있는 "그렇다면 인간을 단일체로 만드는 것은 무엇인가?"[18]와 연관된 아리스토텔레스의 논변을 통해 그들에 대한 반박을 계속해 보자. "여러 부분을 가지고 있고 이를테면 전체가 [부분]의 더미가 아니라 부분 이외의 것인 모든 사물에는 단일성의 원인이 있다. 예컨대, 감촉 있는 것들이 있는가 하면 끈직임이나 이런 유의 다른 성질이 있는 것들도 있다. […] 그런데 그들이[19] 평상시에 정의 내리고 말하듯이 [그것들을] 변형시킨다면, 어려움을 설명하고 풀 수 없음이 분명하다. 그러나 우리가 말하듯이 하나의 [요소]가 질료이고 다른 하나의 [요소]가 형상이며, 하나의 [요소]가 가능태로 있고 다른 하나의 [요소]가 현실태로 있다면, 더는 어려움이 없을 듯하다."[20]▶

---

[17] 시제는 지성이 감각 능력 및 생장 능력과 결합되어 하나의 실체를 이루지는 않는다고 주장한다. *QIIIDA* 1, 3.61-64: "Intellectus … in suo adventu unitur vegetativo et sensitivo, et sic ipsa unita non faciunt unam simplicem, sed compositam."

[18] *Met* 8.6, 1045a14.

[19] 형상 이론(theory of forms)을 주장한 플라톤주의자들을 가리킨다.

69. Sed si tu dicas quod Socrates non est unum quid simpliciter, sed unum quid aggregatione motoris et moti, sequuntur multa inconvenientia. Primo quidem quia, cum unumquodque sit similiter unum et ens, sequitur quod Socrates non sit aliquid ens, et quod non sit in specie nec in genere; et ulterius quod non habeat aliquam actionem, quia actio non est nisi entis. Unde non dicimus quod intelligere nautae sit intelligere huius totius quod est nauta et navis, sed nautae tantum; et similiter intelligere non erit actus Socratis, sed intellectus tantum utentis corpore Socratis: in solo enim toto quod est aliquid unum et ens, actio partis est actio totius. Et si quis aliter loquatur, improprie loquitur.

70. Et si tu dicas quod hoc modo caelum intelligit per motorem suum, est assumptio difficilioris: per intellectum enim humanum oportet nos devenire ad cognoscendum intellectus superiores, et non e converso.

Si vero dicatur quod hoc individuum quod est Socrates, est corpus animatum anima vegetativa et sensitiva, ut videtur sequi secundum eos qui ponunt quod hic homo non constituitur in specie per intellectum, sed per animam sensitivam nobilitatam ex aliqua illustratione seu copulatione intellectus possibilis: tunc intellectus non

69. 그러나 소크라테스가 무조건적 의미에서 하나[단일체]가 아니라 움직이게 하는 자와 움직여지는 자의 결합에 의한 하나라 말한다면, 갖가지 불합리한 점들이 대두될 것이다. 첫째, 모든 것은 존재인 한에서 하나이기 때문에, 소크라테스는 하나의 존재가 되지 않으며 하나의 종이나 하나의 유 안에도 속하지 않을 것이다. 더욱이, 작용은 단지 존재에만 속하기 때문에 소크라테스는 아무 작용도 하지 않을 것이다. 그러므로 우리는 선원의 사고 작용이 선원과 배로 이루어진 전체의 사고 작용이 아니라 오직 선원에게만 속하는 것이라고 말한다. 마찬가지로 사고 작용은 소크라테스의 작용이 아니라 단지 소크라테스의 신체를 사용하는 지성만의 작용이 될 것이다. 부분의 작용이 전체의 작용이 되는 것은 오직 전체가 하나의 존재일 때만 [가능하다]. 그리고 혹자가 다르게 말한다면, 그것은 부당한 말이 된다.

70. 그리고 당신이 이런 방식으로 하늘이 움직이게 하는 자를 통해 사고 작용을 한다고 말한다면, 그 가정은 [정당화하기에] 너 어렵게 될 것이다. 우리는 인간지성을 통해 더 상위의 지성들에 대한 인식에 도달해야 하지만, 그 역은 참이 아니다.

하지만 소크라테스라는 이런 개별자가 생장적이고 감각적인 혼에 의해 생명을 가지게 되는 신체라고 말한다면 — 이 말은 이 인간이 지성을 통해서가 아니라 가능지성으로부터의 조명이나 그 가능지성과의 결합에 의해 고귀해진 감각혼을 통해 이런 종의 자리에 놓이게 된다고 주장하는 이들을 따르는 것처럼 보인다 —, 지성과 소크라테스의 관계는 단지 움직이게

---

[20] *Met* 8.5, 1045a8-11과 20-25. 인간이 단지 더미가 아니라면, 가능태와 현실태라는 구성 요소가 복합되어 실체적 단일체로 귀결된다는 주장이다.

se habet ad Socratem nisi sicut movens ad motum. Sed secundum hoc actio intellectus quae est intelligere, nullo modo poterit attribui Socrati: quod multipliciter apparet.

71. Primo quidem per hoc quod dicit Philosophus in IX *Metaphysicae*, quod "quorum diversum aliquid erit praeter usum quod fit, horum actus in facto est, ut aedificatio in aedificato et contextio in contexto; similiter autem et in aliis, et totaliter motus in moto. Quorum vero non est aliud aliquod opus praeter actionem, in eis existit actio, ut visio in vidente et speculatio in speculante". Sic ergo, etsi intellectus ponatur uniri Socrati ut movens, nihil proficit ad hoc quod intelligere sit in Socrate, necdum quod Socrates intelligat: quia intelligere est actio quae est in intellectu tantum. Ex quo etiam patet falsum esse quod dicunt, quod intellectus non est actus corporis, sed ipsum intelligere; non enim potest esse alicuius actus intelligere, cuius non sit actus intellectus, quia intelligere non est nisi in intellectu, sicut nec visio nisi in visu: unde nec visio potest esse alicuius, nisi illius cuius actus est visus.

72. Secundo, quia actio moventis propria non attribuitur instrumento aut moto, sed magis e converso actio instrumenti attribuitur principali moventi: non enim potest dici quod serra disponat de

하는 자와 움직여지는 자의 관계일 뿐이다. 그러나 이에 따르면 지성의 사고 작용은 소크라테스에게 귀속시킬 수 없다. 그리고 이 결론은 여러 [이유에서] 분명하다.

71. 첫째 이유는 철학자가 『형이상학』 제9권에서 "활용과 별도로 다른 어떤 것이 생겨날 때, 현실태는 만들어지는 것 안에 있다. 이를테면 [건물을] 짓는 활동은 지어지는 [건물] 안에 있고, [천을] 짜는 활동은 짜여지는 [천] 안에 있으며, 그 밖의 것 안에서도 마찬가지며, 일반적으로 운동은 움직여지는 것 안에 있다. 그러나 활동과는 별도로 다른 결과물이 없는 경우, 활동은 활동하는 자 안에 존재한다. 이를테면, 보는 활동은 보는 자 안에 존재하고, 관조 활동은 관조하는 자 안에 존재한다"[21]는 것이다. 그러므로 비록 지성이 소크라테스에게 움직이게 하는 자로 결합된다고 주장할지라도, 그것은 사고 작용이 소크라테스 안에 있다는 점은커녕 소크라테스가 사고 작용을 한다는 점까지도 입증하는 데 도움이 되지 않는다. 왜냐하면 사고 작용은 지성 안에만 있는 작용이기 때문이다. 이 점으로 보아 신체의 작용이 지성이 아니라 사고 작용 자체라는 그들의 주장도 거짓임이 드러난다. 보는 작용이 오로지 시각 안에만 있는 것처럼 사고 작용은 오로지 지성 안에만 있기 때문에, 사고 작용은 지성의 작용을 수행하지 않는 자에게 속할 수 없다. 그러므로 보는 작용은 시각 작용을 하는 이에게만 속할 수 있다.

72. 둘째 이유는 움직이게 하는 자의 고유한 작용이 도구나 움직여지는 자에 속하는 것이 아니라 반대로 도구의 작용이 주된 움직이게 하는 자에 속

---

[21] *Met* 9.8, 1050a30-36.

artificio, potest tamen dici quod artifex secat, quod est opus serrae. Propria autem operatio ipsius intellectus est intelligere; unde dato etiam quod intelligere esset actio transiens in alterum sicut movere, non sequitur quod intelligere conveniret Socrati si intellectus uniatur ei solum ut motor.

73. Tertio, quia in his quorum actiones in alterum transeunt, opposito modo attribuuntur actiones moventibus et motis: secundum aedificationem enim aedificator dicitur aedificare, aedificium vero aedificari. Si ergo intelligere esset actio in alterum transiens sicut movere, adhuc non esset dicendum quod Socrates intelligeret ad hoc quod intellectus uniretur ei ut motor, sed magis quod intellectus intelligeret et Socrates intelligeretur; aut forte quod intellectus intelligendo moveret Socratem, et Socrates moveretur.

74. Contingit tamen quandoque quod actio moventis traducitur in rem motam, puta cum ipsum motum movet ex eo quod movetur, et calefactum calefacit. Posset ergo aliquis sic dicere quod motum ab intellectu, qui intelligendo movet, ex hoc ipso quod movetur intelligit. Huic autem dicto Aristoteles resistit in II *De anima*, unde principium huius rationis assumpsimus. Cum enim dixisset quod id quo primo scimus et sanamur est forma, scilicet scientia et sanitas,

한다는 데 있다. 기술을 수행하는 경향이 톱에 있는 것이 아니라 장인匠人이 톱의 작용인 톱질을 한다고 말할 수 있다. 그러나 지성에 고유한 작용은 사고 작용이다. 그러므로 설사 사고 작용이 운동처럼 다른 것으로 옮겨가는 작용이라고 할지라도, 지성이 단지 움직이게 하는 자로서만 소크라테스에게 결합된다면 사고 작용은 그에게 속한다고 할 수 없다.

73. 셋째 이유는 다른 것에로 옮겨가는 작용을 지니는 존재 안에서, 작용은 움직이게 하는 자와 움직여지는 자에게 상반되는 방식으로 귀속된다는 데 있다. [건물을] 짓는 과정에서, 건설자는 [능동적으로] [건물을] 짓는다고 말해지지만, 건물은 [수동적으로] 지어진다고 말한다. 그러므로 사고 작용이 운동처럼 다른 것으로 옮겨가는 작용이라면, 지성이 소크라테스에게 움직이게 하는 자로서 결합된다는 이유로 소크라테스가 사고 작용을 한다고 말할 수 없다. 오히려 지성이 [능동적으로] 사고 작용을 하고, 소크라테스는 [수동적으로] 사고되거나, 아마 지성이 사고 작용에 의해 소크라테스를 움지이며 소크라테스가 움지여지게 될 것이라고 말해야 한다.

74. 그럼에도 때때로 움직이게 하는 자의 작용이 움직여지는 자로 옮겨지곤 한다. 이를테면, 움직여지는 자는 그것이 움직여진다는 바로 그 사실을 통해 움직이며, 그와 같은 방식에서 가열된 것이 열을 낸다. 그러므로 혹자는 사고 작용 과정에서 움직이게 하는 지성을 통해 움직여지는 것은 그것이 움직여진다는 바로 그 사실을 통해 사고 작용을 한다고 말할 수 있다. 그러나 아리스토텔레스는 우리가 택한 이 논변의 원리가 있는 『영혼론』 제2권에서 이 [주장]에 대해 반대한다. 그는, 우리로 하여금 우선적으로 인식하도록 하고 치료되게 하는 것은 형상, 즉 지식과 건강이라고 말하

subiungit "Videtur enim in patiente et disposito activorum inesse actus". Quod exponens Themistius dicit "Nam etsi ab aliis aliquando scientia et sanitas est, puta a docente et medico, tamen in patiente et disposito facientium inexistere actus ostendimus prius, in his quae De natura". Est ergo intentio Aristotelis, et evidenter est verum, quod quando motum movet et habet actionem moventis, oportet quod insit ei actus aliquis a movente quo huiusmodi actionem habeat, et hoc est primum quo agit, et est actus et forma eius; sicut si aliquid est calefactum, calefacit per calorem qui inest ei a calefaciente.

75. Detur ergo quod intellectus moveat animam Socratis, vel illustrando vel quocumque modo: hoc quod est relictum ab impressione intellectus in Socrate est primum quo Socrates intelligit. Id autem quo primo Socrates intelligit, sicut sensu sentit, Aristoteles probavit esse in potentia omnia, et per hoc non habere naturam determinatam nisi hanc quod sit possibilis; et per consequens quod non misceatur corpori, sed sit separatus. Dato ergo quod sit aliquis intellectus separatus movens Socratem, tamen adhuc oportet quod iste intellectus possibilis de quo Aristoteles loquitur, sit in anima

---

[22] 참조: *DA* 2.2, 414a11-12; *DUI* 3장 (61번).

[23] Themistius, *In De anima*, 3, 109.68-71.

면서 이렇게 덧붙인다: "왜냐하면 행위하는 자들의 작용은 영향을 받거나 받을 채비를 갖춘 것 안에 있는 듯하기 때문이다".[22] 테미스티우스는 이것을, "지식과 건강이 때때로 교사와 의사 같은 다른 이들한테서 나올지라도, 우리는 행위하는 자의 작용이 자연의 존재자들 안에서 영향을 받거나 받을 채비를 갖춘 것 안에 존재한다고 이전에 보여 주었다"[23]라고 설명한다. 이것이 아리스토텔레스의 취지다. 그리고 움직여지는 자가 움직이고 동시에 움직이게 하는 자의 작용을 지니고 있을 때, 그것 안에는 이런 종류의 작용을 지니도록 하는, 움직이게 하는 것에서 나온 어떤 작용이 반드시 있음은 명백히 참이다. 그리고 이것은 그것으로 하여금 작용하도록 하는 제일원리다. 또한 그것은 현실태며 형상이다. 이를테면, 어떤 것이 가열될 때, 그것은 자체 안에 가열하는 것에서 나온 열로 인해 발열한다.

75. 따라서 지성이 조명을 통해서든 아니면 어떤 다른 방식으로든 소크라테스의 영혼을 움직인다고 가정한다면, 지성이 소크라테스에게 미친 영향의 흔적은 소크라테스로 하여금 사고 작용을 하도록 한 제일원리다. 그러나 아리스토텔레스는, 감각을 통해 소크라테스가 감각 작용을 하듯이 소크라테스로 하여금 우선적으로 사고 작용을 하도록 한 것이 가능태로는 모든 사물이라는 점을 입증했다.[24] 이런 이유로 그것은 가능태라는 점 이외에 어떤 규정된 본성도 가지고 있지 않다. 결과적으로 그것은 신체와 혼합되어 있지 않고 분리되어 있다. 그러므로 소크라테스를 움직이게 하는 분리된 지성이 있다고 할지라도, 소크라테스로 하여금 감각 작용을 하도

---

[24] DA 3.4, 429a9-b5.

Socratis, sicut et sensus qui est in potentia ad omnia sensibilia, quo Socrates sentit.

76. Si autem dicatur quod hoc individuum quod est Socrates neque est aliquid compositum ex intellectu et corpore animato, neque est corpus animatum tantum, sed est solum intellectus: haec iam erit opinio Platonis, qui, ut Gregorius Nyssenus refert, "propter hanc difficultatem non vult hominem ex anima et corpore esse, sed animam corpore utentem et velut indutam corpus". Sed et Plotinus, ut Macrobius refert, ipsam animam hominem esse testatur, sic dicens "Ergo qui videtur non ipse verus homo est, sed ille a quo regitur qui videtur. Sic, cum morte animalis discedit animatio, cadit corpus a regente viduatum, et hoc est quod videtur in homine mortale. Anima vero, quae verus homo est, ab omni mortalitatis conditione aliena est". Qui quidem Plotinus unus de magnis ponitur inter commentatores Aristotelis, ut Simplicius refert in *Commento Praedicamentorum*.

77. Haec autem sententia nec a verbis Aristotelis multum aliena videtur: dicit enim in IX *Ethicorum* quod "boni hominis est bonum elaborare et sui ipsius gratia; intellectivi enim gratia quod unus-

---

[25] 참조: Nemesius Emesenus, *De natura hominis*, 3 (*PG* 40, 593B); 플라톤 『파이돈』 (*Phaedon*) 79c

[26] Macrobius, *In Somnium Scipionis*, I. Willis, ed., (Leibzig: Teubner 1970) 2, 12.

록 하는 감각이 모든 감각 대상에 대해 가능태로 있듯이 아리스토텔레스가 말하는 그 가능지성은 반드시 소크라테스의 영혼 안에 있게 될 것이다.

76. 그러나 소크라테스와 같은 이 개별자는 생명을 가진 신체와 지성으로 구성된 것도, 생명만을 가진 신체도, 어느 쪽도 아니라 단지 지성일 뿐이라고 말할 수 있다. 니사의 그레고리우스가 보고하듯이, 이 말은 "이런 어려움으로 인해 인간을 영혼과 신체로 구성된 것이 아니라 신체를 사용하고, 마치 신체를 [옷과 같이] 입고 있는 영혼으로 주장하고자 하는"[25] 플라톤의 의견이다. 그러나 마크로비우스가 보고하듯이,[26] 플로티누스도 영혼 자체를 인간이라고 주장하면서 다음과 같이 말한다. "그러므로 진정한 인간은 보이는 [대상]이 아니라 보이는 것을 지배하는 [주체]다. 따라서 동물이 죽으면서 생기生氣가 떠나게 될 때, 신체는 그것을 지배하는 [주체]에서 떨어져 홀로 남게 된다. 이것은 인간 안에서 죽음을 면할 수 없는 것처럼 보인다. 그러나 진정한 인간인 영혼은 죽음을 면할 수 없는 운명의 모든 조건에 대해 무관하다." 하지만 심플리키우스가 『범주론 주해』에서 보고하듯이,[27] 위대한 인물 중 한 사람인 플로티누스는 아리스토텔레스 주석가들 가운데 자리 매김된다.

77. 이 견해는 아리스토텔레스의 말과 크게 다르지 않은 것처럼 보인다. 그는 『니코마코스 윤리학』 제9권에서 다음과 같이 말한다. "선을 행하는 것이 선한 사람의 특성이며, 그 사람은 자신을 위해 선을 행한다. 왜냐하면 그는 자신과 동일한 것처럼 보이는 지성적인 [부분]을 위해 선을 수행

---

[27] Simplicius, *In Aristotelis Categorias commentarium*, Proemium, C. Kalbfleisch, ed., *Commentaria in Aristotelem Graeca*, vol. 8 (Berlin: G. Reimer 1907), 2.3.

quisque esse videtur". Quod quidem non dicit propter hoc quod homo sit solus intellectus, sed quia id quod est in homine principalius est intellectus; unde in consequentibus dicit quod "quemadmodum civitas principalissimum maxime esse videtur, et omnis alia constitutio, sic et homo": unde subiungit quod "unusquisque homo vel est hoc, scilicet intellectus, vel maxime". Et per hunc modum arbitror et Themistium in verbis supra positis, et Plotinum in verbis nunc inductis, dixisse quod homo est anima vel intellectus.

78. Quod enim homo non sit intellectus tantum vel anima tantum, multipliciter probatur. Primo quidem ab ipso Gregorio Nysseno, qui inducta opinione Platonis subdit "Habet autem hic sermo difficile vel indissolubile quid: qualiter enim unum esse potest cum indumento anima? Non enim unum est tunica cum induto". Secundo, quia Aristoteles in VII *Metaphysicae* probat quod "homo et equus et similia" non sunt solum forma, "sed totum quoddam ex materia et forma ut universaliter; singulare vero ex ultima materia, ut Socrates iam est, et in aliis similiter". Et hoc probavit per hoc quod nulla pars corporis potest definiri sine parte aliqua animae; et recedente anima, nec oculus nec caro dicitur nisi aequivoce: quod non esset, si homo aut Socrates esset tantum intellectus aut anima. Ter-

---

[28] *NE* 9.4, 1166a15-17. [29] *NE* 9.8, 1168a31-33.
[30] *NE* 9.8, 1169a2. [31] *DUI* 2장 (53번) 참조.

하기 때문이다."²⁸ 그는 인간이 단지 지성과 동일한 것이 아니라 인간 안에 가장 중요한 것이 지성이기 때문에 그렇게 말한다. 그러므로 그는 "국가와 다른 모든 조직 전체가 [그것 안에 있는] 가장 으뜸가는 것처럼 보이듯이, 인간의 경우에도 마찬가지다"²⁹라고 말한다. 따라서 그는 "저마다의 인간은 이것, 즉 지성이거나 다른 무엇보다도 이것[지성]이다"³⁰라고 덧붙인다. 그리고 테미스티우스가 앞에 인용된 말³¹과 플로티누스가 인용구에서 인간이 영혼이거나 지성이라고 한 말은 이런 의미였다는 것이 내 생각이다.

78. 인간이 지성만도 영혼만도 아니라는 점은 여러 방식으로 입증된다. 첫째, [이 점은] 플라톤의 견해를 인용한 후, "하지만 이 말은 어렵거나 해결될 수 없는 점을 포함한다. 어떻게 영혼이 그 의복과 [결합되어] 하나일 수 있는가? 왜냐하면 옷은 옷을 입은 자와 하나가 되지 않기 때문이다"³²라고 말하는 니사의 그레고리우스에 의해 [입증된다]. 둘째, 아리스토텔레스는 『형이상학』 제7권에서 "인간, 말, 그리고 그와 유시한 것들은" 단지 형상만이 아니라 "보편적으로 다루어지는 질료와 형상으로 [이루어진] 전체다. 그러나 소크라테스와 같은 특수자는 이미 궁극적인 질료에서 생긴 것이며 다른 경우들에서도 마찬가지다"³³라고 입증한다. 그리고 그는 이 점을 다음과 같은 방식으로 입증한다:³⁴ 신체의 어떠한 부분도 영혼의 부분 없이는 정의될 수 없다. 그리고 영혼이 떨어져 나가면, 눈과 살(肉)은 다의적으로만 말할 수 있다. 인간 혹은 소크라테스가 지성이거나 영혼일 뿐이라면

---

[32] Nemesius Emesenus, *De natura hominis*, cap. 3 (*PG* 40, 593 B).

[33] *Met* 7.10, 1035b27-31.   [34] *Met* 7.10, 1035b23-25.

tio, sequeretur quod, cum intellectus non moveat nisi per voluntatem, ut probatur in III *De anima*, hoc esset de rebus subiectis voluntati, quod retineret corpus homo cum vellet, et abiiceret cum vellet: quod manifeste patet esse falsum.

79. Sic igitur patet quod intellectus non unitur Socrati solum ut motor; et quod, etiam si hoc esset, nihil proficeret ad hoc quod Socrates intelligeret. Qui ergo hanc positionem defendere volunt, aut confiteantur se nihil intelligere et indignos esse cum quibus aliqui disputent, aut confiteantur quod Aristoteles concludit: quod id quo primo intelligimus est species et forma.

80. Potest etiam hoc concludi ex hoc quod hic homo in aliqua specie collocatur. Speciem autem sortitur unumquodque ex forma: id igitur per quod hic homo speciem sortitur forma est. Unumquodque autem ab eo speciem sortitur, quod est principium propriae operationis speciei; propria autem operatio hominis, in quantum est homo, est intelligere: per hoc enim differt ab aliis animalibus, et ideo in hac operatione Aristoteles felicitatem ultimam constituit. Principium autem quo intelligimus est intellectus, ut Aristoteles dicit; oportet igitur ipsum uniri corpori ut formam, non quidem ita

---

[35] *DA* 3.10, 433a22.   [36] *NE* 10.7, 1177a12-17.

[사정은] 이렇지 않게 된다. 셋째, 『영혼론』 제3권에서 입증되듯이[35] 지성은 의지를 통하지 않고서는 움직이지 않으므로, 이것은 의지에 종속되는 사물 가운데 있게 될 것이다. 즉, 인간은 원할 때 자신의 신체를 유지하고, 원할 때 벗어던질 수 있게 될 것이다. 이것은 명백히 거짓이다.

79. 그러므로 지성은 소크라테스에게 단지 움직이게 하는 자로서만 결합되지 않으며, 설령 그리된다 할지라도 그것이 소크라테스가 사고 작용을 한다는 점을 [입증하는 데] 도움 되지 않으리라는 점은 분명하다. 따라서 이 입장을 옹호하고자 하는 사람들은 스스로 아무것도 모르며 다른 이들의 논쟁 상대로 적합하지 않다는 점을 인정하든지, 아리스토텔레스가 내린 결론, 즉 우리로 하여금 우선적으로 사고 작용을 하도록 하는 것은 원리이자 형상이라는 점을 인정하든지 양자택일해야 한다.

80. 또한 이 결론은 이 인간이 어떠한 종의 자리에 있다는 사실에서 내려질 수 있다. 그러나 저마다 자신의 종을 형상에서 도출한다. 따라서 이 인간으로 하여금 종을 가지도록 하는 것은 형상이다. 그러나 저마다 자신의 종을 그 종에만 속한 작용 원리에서 도출한다. 인간인 한에서 인간만이 지닌 작용은 사고 작용이다. 이것을 통해 인간은 다른 동물과 구별되기 때문이다. 따라서 아리스토텔레스는 궁극적 행복을 이 작용에 두었다.[36] 그러나 아리스토텔레스가 말하듯이,[37] 우리로 하여금 사고 작용을 하도록 하는 원리는 지성이다. 따라서 그것은 반드시 신체에 형상으로서 결합되는데, 실제로 그 방식은 지성적 능력 그 자체가 어떤 기관의 활동이 되는 방식이

---

[37] *DA* 3.4, 429a23.

quod ipsa intellectiva potentia sit alicuius organi actus, sed quia est virtus animae quae est actus corporis physici organici.

81. Adhuc, secundum istorum positionem destruuntur moralis philosophiae principia: subtrahitur enim quod est in nobis. Non enim est aliquid in nobis nisi per voluntatem; unde et hoc ipsum voluntarium dicitur, quod in nobis est. Voluntas autem in intellectu est, ut patet per dictum Aristotelis in III *De anima*, et per hoc quod in substantiis separatis est intellectus et voluntas; et per hoc etiam quod contingit per voluntatem aliquid in universali amare vel odire, sicut odimus latronum genus, ut Aristoteles dicit in sua *Rhetorica*.

82. Si igitur intellectus non est aliquid huius hominis ut sit vere unum cum eo, sed unitur ei solum per phantasmata vel sicut motor, non erit in hoc homine voluntas, sed in intellectu separato. Et ita hic homo non erit dominus sui actus, nec aliquis eius actus erit laudabilis vel vituperabilis: quod est divellere principia moralis philosophiae. Quod cum sit absurdum et vitae humanae contrarium, non enim esset necesse consiliari nec leges ferre, sequitur quod intellectus sic uniatur nobis ut vere ex eo et nobis fiat unum; quod vere non potest esse nisi eo modo quo dictum est, ut sit scili-

---

[38] *NE* 3.3, 1111a22-24.

[39] *DA* 3.9, 432b5. 이와 비슷한 논변은 *SCG* 2.60에서 나타난다.

아니다. 오히려 그렇게 결합되는 이유는 그것이 신체 기관을 지닌 신체의 활동인 영혼의 능력이기 때문이다.

81. 더욱이 그들의 입장에 의하면 우리 안에 있는 것이 제거될 것이므로 도덕철학의 원리들은 파괴될 것이다. 어떤 것은 의지를 통해서만 우리 안에 있다. 따라서 이것은 우리 안에 있기 때문에 자발적인 것이라고 불린다.[38] 그러나 『영혼론』 제3권에 드러난 아리스토텔레스의 말,[39] 분리된 실체 안에 지성과 의지가 있다는 사실, 그리고 우리는 의지를 통해 어떤 것을 보편적으로 사랑하거나 싫어하게 된다는 사실에서 명백하듯이, 의지는 지성 안에 있다. 이를테면, 아리스토텔레스가 자신의 『수사학』에서 말하듯이,[40] 우리는 도둑이라는 집단에 반감을 가진다.

82. 따라서 지성이 이 인간과 참된 하나가 되는 것처럼 이 인간 안에 속하지 않고, 단지 심상을 통해서나 움직이게 하는 자로서 이 인간과 결합된다면, 의지는 이 인간 안에 있지 않고 분리된 실체 안에 있게 될 것이다. 그러므로 이 인간은 자신의 행위를 좌우할 수 있는 [주체]가 되지 않게 되며 자신의 어떤 행위가 칭찬받거나 비난받을 수도 없게 될 것이며, 이것은 도덕철학의 원리들을 파괴하게 될 것이다. 협의하고 법을 만드는 것이 불필요하게 됨으로 인해 그것은 인간의 삶에 불합리하며 모순되기 때문에, 지성과 우리가 참된 하나를 이루는 것과 같은 방식으로 지성은 우리와 결합될 것이다. 그것은 앞서 설명된 바, 지성이 형상으로 우리에게 결합되는

---

[40] 『수사학』(Rhetorica) 2.4, 1382a6. 반감(odium)은 보편자와 연관되고, 분노(ira)는 개별자와 연관된다는 맥락의 논의.

cet potentia animae quae unitur nobis ut forma. Relinquitur igitur hoc absque omni dubitatione tenendum, non propter revelationem fidei, ut dicunt, sed quia hoc subtrahere est niti contra manifeste apparentia.

83. Rationes vero quas in contrarium adducunt non difficile est solvere. Dicunt enim quod ex hac positione sequitur quod intellectus sit forma materialis, et non sit denudata ab omnibus naturis rerum sensibilium; et quod per consequens quidquid recipitur in intellectu, recipietur sicut in materia individualiter et non universaliter. Et ulterius quod si est forma materialis, quod non est intellecta in actu, et ita intellectus non poterit se intelligere: quod est manifeste falsum. Nulla enim forma materialis est intellecta in actu, sed in potentia tantum: fit autem intellecta in actu per abstractionem.

Horum autem solutio apparet ex his quae praemissa sunt. Non enim dicimus animam humanam esse formam corporis secundum intellectivam potentiam, quae secundum doctrinam Aristotelis nullius organi actus est: unde remanet quod anima, quantum ad intellectivam potentiam, sit immaterialis et immaterialiter recipiens et se ipsam intelligens. Unde et Aristoteles signanter dicit quod anima est locus specierum "non tota sed intellectus".

---

[41] *DUI* 5장 (112번) 참조.

영혼의 능력이라는 점에서만 확실히 가능하다. 그러므로 이것이 의심할 여지 없이 주장되어야 하는 이유는 그들이 말하듯이[41] 신앙의 계시 때문이 아니라 이것을 부정하는 것은 아주 명백한 것에 대항하는 것이 되기 때문이다.

83. 실제로 그들이 상반되는 입장을 위해 제시한 논변들을 반박하는 것은 어렵지 않다. 왜냐하면 그들에 의하면, 지성은 물질적 형상이 되고 감각적 사물들의 모든 본성에서 자유롭지 못하게 되므로 지성 안에 수용된 것은 모두 보편적이 아니라 질료 안에서처럼 개별적으로 수용될 것이라는 점이 이 입장의 결론이 될 것이기 때문이다. 그리고 나아가 그것이 물질적 형상이라면, 그것은 현실태로는 인식되지 않으므로 자기 인식을 할 수 없게 되는데, 이것은 명백하게 거짓이다. 왜냐하면 어떠한 물질적 형상도 현실태로 인식되지 않고 단지 가능태로만 인식되며, 추상 작용에 의해서만 현실태로 인식되기 때문이다.

이 어려움의 해결책은 앞에서 말한 데서 드러난다. 아리스토텔레스의 이론[42]에 의하면 우리가 인간 영혼을 신체의 형상이라고 말하지 않는 것은 어떠한 기관의 작용도 아닌 지성 능력 때문이다. 따라서 지성 능력 측면에서 영혼은 비물질적이며 사물을 비물질적으로 수용하고 자기 인식을 한다. 그래서 아리스토텔레스도 영혼은 형상들의 장소이며, "전체 영혼이 아니라 지성[이 형상들의 장소]"[43]라고 분명하게 말한다.

---

[42] *DA* 3.4, 429a25-27.

[43] *DA* 3.4, 429a28-29.

84. Si autem contra hoc obiiciatur quod potentia animae non potest esse immaterialior aut simplicior quam eius essentia: optime quidem procederet ratio, si essentia humanae animae sic esset forma materiae, quod non per esse suum esset sed per esse compositi, sicut est de aliis formis, quae secundum se nec esse nec operationem habent praeter communicationem materiae, quae propter hoc materiae immersae dicuntur. Anima autem humana, quia secundum suum esse est, cui aliqualiter communicat materia non totaliter comprehendens ipsam, eo quod maior est dignitas huius formae quam capacitas materiae: nihil prohibet quin habeat aliquam operationem vel virtutem ad quam materia non attingit.

85. Consideret autem qui hoc dicit, quod si hoc intellectivum principium quo nos intelligimus, esset secundum esse separatum et distinctum ab anima quae est corporis nostri forma, esset secundum se intelligens et intellectum, et non quandoque intelligeret, quandoque non; neque etiam indigeret ut se ipsum cognosceret per intelli-

---

[44] *QIIIDA* 7, 23.18. 이 반박은 시제의 생애 전반을 통해 일관적으로 드러난다. 바잔은 시제의 반박이 근거하는, '영혼의 능력은 그것의 영혼보다 더 단순하지는 않다'는 원리가 이미 토마스 초기 저작인 *In Sent* 2.17.2.1 obj. 2에서 발견된다고 지적한다. B. Bazán, "Le dialogue entre Siger de Brabant et Thomas d'Aquin", *Revue philosophique de Louvain* 72 (1974) 65 참조.

[45] 토마스에 따르면, 인간 영혼은 특수한 신체의 형상이다. 존재하기 위해서 질료에 전적으로 의존할 수밖에 없는 여타의 물질적 형상들과는 달리, 인간 영혼은 자신의 고유한 존재(esse)를 가지고 있으며, 그 존재를 신체와 공유하는 자립적(per se subsistens) 형상이다. 즉, 영혼은 신체의 형상이면서 동시에(死後에) 신체에서 분리되어 자립할 수 있는 비물질적 형상

84. 그러나 이 점에 대해 영혼의 능력이 그것의 본질보다 더 비물질적일 수도 더 단순할 수도 없다고 반박한다면,[44] 질료와 결합하지 않고서는 스스로 존재나 작용을 지니지 않기 때문에 질료에 몰입되어 있다는 다른 형상들처럼, 인간 영혼의 본질이 자신의 존재가 아니라 복합체의 존재를 통해 실재하는 것과 같은 질료의 형상이라면 그 추론은 건전하게 진행될 것이다. 그러나 이 형상의 품격은 질료의 용량보다 더 크기 때문에, 인간 영혼은 자립적으로 존재하며, 그것 안에 질료가 어느 정도 참여할지라도 전적으로 질료로 구성되어 있지는 않다. 그러므로 어떤 것도 영혼이 질료가 도달할 수 없는 작용이나 능력을 가지는 것을 막지 못한다.[45]

85. 그러나 이렇게 말하는 이에게 우리로 하여금 사고 작용을 하도록 하는 이런 지성적 원리가 우리 신체의 형상인 영혼에서 분리되며 구분되는 존재를 가진 채 실재한다면, 그것은 스스로 사고 작용을 하는 [주체]인 동시에 사고 [대상]일 것이며, 어떤 때는 사고 작용을 하지만 다른 때는 하지 않을 것이라는 점을 고려하도록 하자. 더욱이 그것은 지성상과 작용을 통

이기 때문에, 비물질적 지성이 그러한 영혼에서 분리될 아무 이유도 없다는 것이다. 따라서 토마스는 자신의 이론 체계 내에서 지성이 지성적 영혼보다 더 비물질적이거나 탁월해지는 모순에 빠진다는 시제의 반박은 타당하지 않다고 생각한다. 이 문제에 대해서는 B. Bazán, "Le dialogue entre Siger de Brabant et Thomas d'Aquin", 90-1; A. Pegis "St. Thomas and the Unity of Man", In *Progress in Philosophy: Philosophical Studies in Honor of Rev. Doctor Charles A. Hart*. J.A. McWilliams, ed. (Milwaukee: The Bruce 1955) 162-73; F. Van Steenberghen, *Maître Siger de Brabant*, 357-60. 토마스 답변의 문제점에 대해서는 이재경 「'성난 황소' 토마스 아퀴나스」『철학연구』 81 (2002) 175-98 참조.

gibilia et per actus, sed per essentiam suam sicut aliae substantiae separatae. Neque etiam esset conveniens quod ad intelligendum indigeret phantasmatibus nostris: non enim invenitur in rerum ordine quod superiores substantiae ad suas principales perfectiones indigeant inferioribus substantiis; sicut nec corpora caelestia formantur aut perficiuntur ad suas operationes ex corporibus inferioribus. Magnam igitur improbabilitatem continet sermo dicentis quod intellectus sit quoddam principium secundum substantiam separatum, et tamen quod per species a phantasmatibus acceptas perficiatur et fiat actu intelligens.

해서 자기 인식을 할 필요가 없고 다른 분리된 실체처럼 자신의 본질을 통해 자기 인식을 할 것이다. 그리고 더 나아가 그것이 우리의 사고 작용을 위해 우리의 심상을 필요로 한다는 것은 적절하지 않게 될 것이다. 상위의 실체들이 자신들의 으뜸가는 완성을 이루기 위해 하위의 실체를 필요로 한다는 점은 사물의 질서에서는 발견되지 않는다. 이를테면, 천체들은 자신들의 작용을 수행하기 위해 하위의 천체들에 의해 형성되지도 완성되지도 않는다. 따라서 지성이 실체의 측면에서 분리된 모종의 원리이지만 심상에서 받아들여진 상을 통해 완성되고 현실태로 인식하게 된다는 언명은 거의 참말 같지 않다.

DE UNITATE INTELLECTUS

CAPITULUM IV

86. His igitur consideratis quantum ad id quod ponunt intellectum non esse animam quae est nostri corporis forma, neque partem ipsius, sed aliquid secundum substantiam separatum: considerandum restat de hoc quod dicunt intellectum possibilem esse unum in omnibus. Forte enim de agente hoc dicere aliquam rationem haberet, et multi philosophi hoc posuerunt: nihil enim videtur inconveniens sequi, si ab uno agente multa perficiantur, quemadmodum ab uno sole perficiuntur omnes potentiae visivae animalium ad videndum. Quamvis etiam hoc non sit secundum intentionem Aristotelis, qui posuit intellectum agentem esse aliquid in anima, unde

---

[1] *QIIIDA* 11, 34.4-35.5: "Intellectus unicus in omnibus est et secundum substantiam suam et secundum suam potestatem"; 9, 27.55-56: "Intellectus est unus, non multiplicatus secundum multiplicationem hominum individuorum."

지 성 단 일 성

제4장_지성단일성 비판

86. 지성이 우리 신체의 형상인 영혼도 아니고 그것의 일부도 아니며 오히려 분리된 실체라는 주장에 대해 고찰했기 때문에, 앞으로는 가능지성이 모든 인간에게 하나라는 그들의 주장[1]을 살펴보아야 한다. 추측건대, 능동지성에 대해 이렇게 말하는 데는 까닭[2]이 있나. 그리고 많은 철학자가 이 점을 주장했다.[3] 왜냐하면 동물의 모든 시각 능력이 오직 하나의 태양에 의해 볼 수 있게 되는 것처럼, 여러 것이 오직 하나의 작용자에 의해 완성되더라도 아무 어려움도 생기지 않는 듯하기 때문이다. 그러나 이 점은 능동지성을 영혼 안에 있는 어떤 것으로 주장함으로 인해 그것을 빛에 비유한 아리스토텔레스의 취지에 부합되지 않을 것이다.[4] 한편 테미스티우스

---

[2] 참조: *QDA* q.5. 그리스도교 사상가들은 능동지성을 신과 동일시하는 경향이 있다.

[3] *In Sent* 2.17.2.1에는 '거의 모든 사람'(fere omnes)이라는 표현을, *QDA* q.5에서는 '여러 사람'(plures)이라는 표현을 사용한다.

[4] *DA* 3.5, 430a15.

comparavit ipsum lumini; Plato autem ponens intellectum unum separatum, comparavit ipsum soli, ut Themistius dicit: est enim unus sol, sed plura lumina diffusa a sole ad videndum. Sed quidquid sit de intellectu agente, dicere intellectum possibilem esse unum omnium hominum, multipliciter impossibile apparet.

87. Primo quidem, quia si intellectus possibilis est quo intelligimus, necesse est dicere quod homo singularis intelligens vel sit ipse intellectus, vel intellectus formaliter ei inhaereat: non quidem ita quod sit forma corporis, sed quia est virtus animae quae est forma corporis. Si quis autem dicat quod homo singularis est ipse intellectus, consequens est quod hic homo singularis non sit alius ab illo homine singulari, et quod omnes homines sint unus homo, non quidem participatione speciei, sed secundum unum individuum. Si vero intellectus inest nobis formaliter, sicut iam dictum est, sequitur quod diversorum corporum sint diversae animae. Sicut enim homo est ex corpore et anima, ita hic homo, ut Callias aut Socrates, ex hoc corpore et ex hac anima. Si autem animae sunt diversae, et intellectus possibilis est virtus animae qua anima intelligit, oportet quod differat numero; quia nec fingere possibile est quod diversarum rerum sit una numero virtus. Si quis autem dicat quod homo intelligit per intellectum possibilem sicut per aliquid sui, quod tamen est pars eius non ut forma sed sicut motor: iam ostensum est

가 말하듯이,[5] 플라톤은 분리된 하나의 지성이 있음을 주장하면서 그것을 빛에 비유했다. 태양은 단 하나지만 태양에서 발산된 다양한 빛이 있기 때문에 볼 수 있는 것이다. 그러나 능동지성의 경우는 몰라도, 가능지성이 모든 인간에게 오직 하나뿐이라고 말하는 것은 여러 가지 이유에서 불가능한 것처럼 보인다.

87. 첫째 이유는, 가능지성이 우리로 하여금 사고 작용을 하도록 하는 것이라면 사고 작용을 하는 개별적 인간이 지성 그 자체이거나 아니면 지성이 형상적으로 인간 안에 내재한다고 말해야 한다는 데 있다. 여기서 [후자는] 지성이 신체의 형상이라는 의미가 아니라 신체의 형상인 영혼의 능력이라는 의미다. 그러나 개별적 인간이 지성 그 자체라고 말한다면, 이 개별적 인간은 저 개별적 인간과 다르지 않게 될 것이고, 모든 인간은 하나의 종에 참여함을 통해서가 아니라 오직 하나의 개별자가 있다는 의미에서 하나의 인간이 될 것이다. 그러나 이미 말한 바와 같이, 지성이 우리 안에 형상적으로 있다면, 서로 다른 신체에 대해 서로 다른 영혼이 있게 될 것이다. 왜냐하면 인간이 신체와 영혼으로 이루어지듯이, 칼리아스나 소크라테스와 같은 이 인간은 이 신체와 이 영혼으로 이루어지기 때문이다. 하지만 영혼들이 서로 다르고, 가능지성이 영혼으로 하여금 사고 작용을 하도록 하는 영혼의 능력이라면, 가능지성은 수적으로 서로 다를 것이다. 왜냐하면 서로 다른 사물 안에 수적으로 하나인 능력만이 있다고 생각하는 것은 불가능하기 때문이다. 그러나 누군가 인간은 자신에게 속하지만 형상이 아니라 움직이게 하는 자로서 그 자신의 일부가 되는 가능지성

---

[5] Themistius, *In De anima*, 3, 235.10-11; 참조: *DUI* 5장 (120번).

supra quod hac positione facta, nullo modo potest dici quod Socrates intelligat.

88. Sed demus quod Socrates intelligat per hoc quod intellectus intelligit, licet intellectus sit solum motor, sicut homo videt per hoc quod oculus videt; et ut similitudinem sequamur, ponatur quod omnium hominum sit unus oculus numero: inquirendum restat utrum omnes homines sint unus videns vel multi videntes. Ad cuius veritatis inquisitionem considerare oportet quod aliter se habet de primo movente, et aliter de instrumento. Si enim multi homines utantur uno et eodem instrumento numero, dicentur multi operantes: puta, cum multi utuntur una machina ad lapidis proiectionem vel elevationem. Si vero principale agens sit unum quod utatur multis ut instrumentis, nihilominus operans est unum, sed forte operationes diversae propter diversa instrumenta; aliquando autem et operatio una, etsi ad eam multa instrumenta requirantur. Sic igitur unitas operantis attenditur non secundum instrumenta, sed secundum principale quod utitur instrumentis.

Praedicta ergo positione facta, si oculus esset principale in homine, qui uteretur omnibus potentiis animae et partibus corporis quasi instrumentis, multi habentes unum oculum essent unus videns; si vero oculus non sit principale hominis, sed aliquid sit eo princi-

을 통해 사고 작용을 한다고 말한다면, 이 입장이 받아들여질 경우 소크라테스가 사고 작용을 한다고 말할 수 없음을 앞에서 보여 주었다.[6]

88. 그러나 눈이 보는 작용을 함으로써 인간이 보게 되는 것처럼, 지성이 움직이게 하는 자라도 지성이 사고 작용을 한다는 이유로 소크라테스가 사고 작용을 할 것이라고 가정해 보자. 그리고 비교를 일관적으로 하기 위해, 모든 인간에게 눈이 수적으로 하나뿐이라고 가정해 보자. 다음으로 모든 인간은 보는 작용을 하는 하나의 인간인가 아니면 여럿의 인간인가라고 질문해야 할 것이다. 우리는 이것에 대한 진리를 탐구하기 위해 으뜸의 움직이게 하는 [주체]와 도구가 별개임을 고려해야 한다. 왜냐하면 여러 사람이 수적으로 하나의 도구를 사용한다면, 여러 작용자가 있다고 말해지기 때문이다. 이를테면, 여러 사람이 돌을 던지거나 들어 올리기 위해 하나의 기계를 사용할 때와 같다. 그러나 여러 것을 도구로 사용하는 으뜸가는 작용자가 하나뿐이라면, 여러 도구로 인해 여러 작용이 있을지라도 작용자는 하나다. 그러나 하나의 작용을 위해 여러 가지 도구가 필요할지라도, 심지어 작용은 때때로 하나다. 그러므로 작용자가 하나라는 점은 도구가 아니라 도구를 사용하는 으뜸가는 작용자에 의해 읽혀진다.

그러므로 앞서 말한 입장에서 눈이 영혼의 모든 능력과 신체의 부분들을 도구로서 사용하는, 인간 안에 있는 으뜸가는 것이라면, 하나의 눈을 가진 여러 인간은 보는 작용을 하는 하나이게 될 것이다. 그러나 눈이 인간에게 으뜸가는 것이 아니라, 눈을 사용하는 것이 그 눈보다 더 으뜸가는

---

[6] *DUI* 3장 (79번); 참조: *ST* 1.76.2; *SCG* 2.73; *QDA* q.3.

palius quod utitur oculo, quod diversificaretur in diversis, essent quidem multi videntes sed uno oculo.

89. Manifestum est autem quod intellectus est id quod est principale in homine, et quod utitur omnibus potentiis animae et membris corporis tamquam organis; et propter hoc Aristoteles subtiliter dixit quod homo est intellectus "vel maxime". Si igitur sit unus intellectus omnium, ex necessitate sequitur quod sit unus intelligens, et per consequens unus volens et unus utens pro suae voluntatis arbitrio omnibus illis secundum quae homines diversificantur ad invicem. Et ex hoc ulterius sequitur quod nulla differentia sit inter homines quantum ad liberam voluntatis electionem, sed eadem sit omnium, si intellectus, apud quem solum residet principalitas et dominium utendi omnibus aliis, est unus et indivisus in omnibus. Quod est manifeste falsum et impossibile: repugnat enim his quae apparent, et destruit totam scientiam moralem et omnia quae pertinent ad conversationem civilem, quae est hominibus naturalis, ut Aristoteles dicit.

90. Adhuc, si omnes homines intelligunt uno intellectu, qualitercumque eis uniatur, sive ut forma sive ut motor, de necessitate se-

---

[7] *NE* 9.8, 1169a2-3. 아리스토텔레스는 지성이 인간 안에 있는 것 가운데 가장 으뜸가는 것임을 드러내기 위해 "저마다의 인간은 이것, 즉 지성이나 특히 이것이다"라고 말한다. *DUI* 3장 (77번) 참조.

것이고 여러 인간 안에 서로 다르다면, 하나의 눈을 가지고 보는 작용을 하는 인간들은 여럿이 될 것이다.

89. 하지만 지성이 인간 안에 있는 으뜸가는 것이고, 영혼의 모든 능력과 신체의 구성 요소들을 마치 기관처럼 사용한다는 점은 분명하다. 그리고 이런 이유로 인해 아리스토텔레스는 인간을 지성 "또는 특히 이것"이라고 신중하게 말했다.[7] 그러므로 모든 사람에게 지성이 오직 하나뿐이라면, 사고 작용을 하는 이도 필연적으로 하나가 되고, 결과적으로 의지 작용을 하는 이도 하나뿐이며, 그 의지의 선택을 통해 인간들 사이에 구별을 만드는 모든 것을 사용하는 이도 하나뿐이게 될 것이다. 그리고 더구나 이 점으로 보아 의지의 자유로운 선택의 측면에서 인간들 사이에 차이가 없어질 것이다. 하지만 나머지 모든 [능력을] 사용하는 우월함과 지배권이 내재되어 있는 지성이 모든 이에게 하나고 나누어지지 않는다면, 선택은 모든 이에게 동일해질 것이다. 그것은 분명히 그릇되며 불가능하다. 왜냐하면 아리스토텔레스가 말하듯이[8] 그것은 사명한 깃에 위배되며, 도덕학 전부와 인간에게 본성적인 사회 교류와 연관된 모든 것을 파괴하기 때문이다.

90. 더욱이, 모든 인간이 하나의 지성을 통해 사고 작용을 할 경우, 아무리 그것이 모든 인간에게 결합된다고 할지라도, 그것이 형상이든 움직이게

---

[8] 『정치학』(*Politica*), 1.1, 1253a2-3.

quitur quod omnium hominum sit unum numero ipsum intelligere quod est simul et respectu unius intelligibilis: puta, si ego intelligo lapidem et tu similiter, oportebit quod una et eadem sit intellectualis operatio et mei et tui. Non enim potest esse eiusdem activi principii, sive sit forma sive motor, respectu eiusdem obiecti, nisi una numero operatio eiusdem speciei in eodem tempore: quod manifestum est ex his quae Philosophus declarat in V *Physicorum*. Unde si essent multi homines habentes unum oculum, omnium visio non esset nisi una respectu eiusdem obiecti in eodem tempore.

91. Similiter ergo, si intellectus sit unus omnium, sequitur quod omnium hominum idem intelligentium eodem tempore sit una actio intellectualis tantum; et praecipue cum nihil eorum secundum quae ponuntur homines differre ab invicem, communicet in operatione intellectuali. Phantasmata enim praeambula sunt actioni intellectus, sicut colores actioni visus: unde per eorum diversitatem non diversificaretur actio intellectus, maxime respectu unius intelligibilis; secundum quae tamen ponunt diversificari scientiam huius a scientia alterius, in quantum hic intelligit ea quorum phantasmata habet et ille alia quorum phantasmata habet. Sed in duobus qui idem sciunt et intelligunt, ipsa operatio intellectualis per diversitatem phantasmatum nullatenus diversificari potest.

하는 자든 상관없이 하나의 사고 대상에 대해 동시에 일어나는 사고 작용은 모든 인간에게 수적으로 하나가 될 것이다. 예컨대, 내가 돌에 대해 사고 작용을 하고, 너 역시 그렇게 한다면, 나와 너 안에 있는 지성적 작용은 동일하게 될 것이다. 동일한 현실적 원리가 형상이든 움직이게 하는 자든 상관없이 동일한 대상에 대해 동시에 일어나는 동일한 상의 작용은 수적으로 단 하나일 수밖에 없다. 이 점은 철학자가 『자연학』 제5권[9]에서 말하는 것에서 밝히 드러난다. 그러므로 여러 사람에게 오직 하나의 눈이 있다면, 그런 사람 모두가 동시에 동일한 대상에 대해 보는 행위는 단 하나뿐이게 될 것이다.

91. 따라서 마찬가지로 지성이 모든 인간에게 하나라면, 특히 서로 구별하도록 한다고 여겨지는 무엇도 지성의 작용에 참여하지 않게 되기 때문에 모든 인간에게는 동일한 것에 대해 동시에 사고하는 단 하나뿐인 지성의 작용이 있게 될 것이다. 색깔이 시각 작용에 대한 전제인 것처럼, 심상은 지성의 작용에 대한 전제다. 그러므로 특히 지성에 의해 사고될 수 있는 하나의 대상의 측면에서 지성의 작용은 그것[심상]들의 차이에 의해 서로 다르게 되지 않는다. 하지만 이 인간이 자신으로 하여금 심상을 가지도록 하는 그런 사물에 대해 사고하고, 저 인간이 자신으로 하여금 심상을 가지도록 하는 다른 사물에 대해 사고하는 한, 바로 이런 심상에 의해서 이 인간의 지식과 저 인간의 지식이 다르게 된다는 것이 그들의 주장이다. 그러나 동일한 것에 대해 인식하고 사고 작용을 하는 두 사람에게 있어서, 지성의 작용 자체는 심상의 차이에 의해 결코 서로 다르게 될 수 없다.

---

[9] *Phys* 5.4, 227b21-228a3; 7.1, 242a32-b4.

92. Adhuc autem ostendendum est quod haec positio manifeste repugnat dictis Aristotelis. Cum enim dixisset de intellectu possibili quod est separatus et quod est in potentia omnia, subiungit quod "cum sic singula fiat, scilicet in actu, ut sciens dicitur qui secundum actum", id est hoc modo sicut scientia est actus, et sicut sciens dicitur esse in actu in quantum habet habitum; unde subdit "hoc autem confestim accidit cum possit operari per se ipsum. Est quidem igitur et tunc potentia quodammodo, non tamen similiter ante addiscere aut invenire". Et postea, cum quaesivisset "si intellectus simplex est et impassibile et nulli nihil habet commune, sicut dixit Anaxagoras, quomodo intelliget si intelligere pati aliquid est?"; et ad hoc solvendum respondet dicens quod "potentia quodammodo est intelligibilia intellectus, sed actu nihil antequam intelligat. Oportet autem sic sicut in tabula nihil est actu scriptum: quod quidem accidit in intellectu". Est ergo sententia Aristotelis quod intellectus possibilis ante addiscere aut invenire est in potentia, sicut tabula in qua nihil est actu scriptum; sed post addiscere et invenire est actu secundum habitum scientiae, quo potest per se ipsum operari, quamvis et tunc sit in potentia ad considerare in actu.

93. Ubi tria notanda sunt. Primum, quod habitus scientiae est actus primus ipsius intellectus possibilis, qui secundum hunc fit actu et

---

[10] *DA* 3.4, 429b5-9.

92. 그러나 나아가 이 입장이 아리스토텔레스의 말과 분명히 반대된다는 점을 보여 주어야 한다. 그는 가능지성이 분리되며 가능태로는 모든 것이라고 말했을 때, "인식하는 자는 현실태로 그러한 [인식하는 자]라고 말해지듯이, 그것[지성]이 현실태로 있는 각각의 [사고 대상]이 될 때"라고 부언한다. 바꾸어 말하면, 지식은 현실태이며 인식하는 자는 습성을 가지는 한에서 현실태에 있다고 말해지는 것과 같은 의미다. 그리고 나서 그는 이렇게 덧붙인다. "이것은 그[인식하는 자]가 스스로 즉시 행위할 수 있을 때 일어난다. 그러므로 그것은 심지어 그때에도 어떤 의미에서 가능태에 있지만, 배우거나 발견하기 이전과 동일한 방식은 아니다."¹⁰ 그리고 이후에 그는 "아낙사고라스가 말했듯이 지성이 단순하고 영향을 받지 않으며 다른 어떤 것과도 공통된 것이 없다면, 사고 작용이 영향 받음일 경우 어떻게 그것은 사고 작용을 할 것인가?"라고 질문했다.¹¹ 그리고 그는 이것을 해결하기 위해 다음과 같이 대답한다. "지성은 가능태로는 어떤 의미에서 사고될 수 있는 [대상]이지만 사고 작용을 하기 전에는 현실태로는 아무것도 아니다. 그것은 분명히 현실적으로 아무것도 쓰여 있지 않은 서판과 같다. 이 점은 지성의 경우에 정확하게 적용된다."¹² 그러므로 아리스토텔레스의 입장은, 가능지성은 배우거나 발견하기 전에는 아무것도 현실적으로 쓰여 있지 않은 서판처럼 가능태로 있다는 것이다. 그러나 그것은 현실적 탐구에 대해 가능태에 있다고 할지라도, 배우고 발견한 후에는 스스로 작용할 수 있도록 하는 지식의 습성에 따라 현실태에 있게 된다.

93. 여기서 세 가지 점에 주목해야 한다. 첫째, 지식의 습성은 가능지성 자체의 제일 현실태인데, 이런 [습성]에 따라 가능지성이 현실태로 있게 되

---

¹¹ DA 3.4, 429b23-25. ¹² DA 3.4, 429b30-430a2.

potest per se ipsum operari. Non autem scientia est solum secundum phantasmata illustrata, ut quidam dicunt, vel quaedam facultas quae nobis acquiritur ex frequenti meditatione et exercitio, ut continuemur cum intellectu possibili per nostra phantasmata. Secundo, notandum est quod ante nostrum addiscere et invenire, ipse intellectus possibilis est in potentia, sicut tabula in qua nihil est scriptum. Tertio, quod per nostrum addiscere seu invenire ipse intellectus possibilis fit actu.

94. Haec autem nullo modo possunt stare, si sit unus intellectus possibilis omnium qui sunt et erunt et fuerunt.

Manifestum est enim quod species conservantur in intellectu, est enim locus specierum, ut supra Philosophus dixerat; et iterum scientia est habitus permanens. Si ergo per aliquem praecedentium hominum factus est in actu secundum aliquas species intelligibiles, et perfectus secundum habitum scientiae, ille habitus et illae species in eo remanent. Cum autem omne recipiens sit denudatum ab eo quod recipit, impossibile eirt quod per meum addiscere aut invenire illae species acquirantur in intellectu possibili. Etsi enim aliquis dicat quod per meum invenire intellectus possibilis secundum aliquid fiat in actu de novo, puta si ego aliquid intelligibilium invenio quod a nullo praecedentium est inventum: tamen in addiscendo hoc contingere non potest, non enim possum addiscere nisi quod

며 스스로 작용할 수 있게 된다[는 점에 주목해야 한다]. 그러나 혹자가 말하듯이 지식은 단지 조명된 심상만을 따르는 것이 아니며, 우리의 심상을 통해 우리가 가능지성과 결합할 수 있도록 빈번한 성찰과 연습에 의해 습득된 능력[13]만도 아니다. 둘째, 가능지성 자체는 우리의 배움이나 발견 이전에 아무것도 쓰여 있지 않은 서판처럼 가능태에 있음에 주목해야 한다. 셋째, 가능지성 자체는 우리의 배움과 발견을 통해 현실태로 있게 된다[는 점에 주목해야 한다].

94. 그러나 현재 존재하고 있고, 과거에 존재했고, 미래에 존재할 모든 인간에게 단 하나의 지성만이 있다면 이런 [견해들은] 결코 유지될 수 없다.

철학자[아리스토텔레스]가 앞에서 말했듯이[14] 지성은 형상의 장소이기 때문에 형상이 지성 안에 보존되어 있음이 분명하다. 그리고 더욱이 지식은 불변의 습성이다. 그러므로 지성이 이전 사람을 통해 지성상에 따라 현실태로 있게 되며 지식의 습성에 따라 완성되었다면, 그 습성과 그러한 상은 지성 안에 남게 된다. 그러나 어떠한 수용자라도 자신이 수용하는 것을 가지고 있지 않으므로, 그러한 상이 나의 배움이나 발견을 통해 가능지성에 획득되는 것은 불가능하다. 그 이유는 이를테면 내가 이전 사람에 의해 발견된 적 없는 사고 [대상]을 발견하는 경우처럼 비록 가능지성이 나의 발견을 통해 어떤 새로운 것에 대해 현실태가 된다고 누군가 말할지라도 이것은 배움의 측면에서 일어날 수 없다는 데 있다. 왜냐하면 나는 나를

---

[13] Avicenna, *Liber de anima seu sextus de naturalibus*, 5.6, 148.40-43. 토마스는 *SCG* 2.74와 *ST* 1.79.6에서 이것을 부정한다.

[14] *DA* 3.4, 429a27-28.

docens scivit. Frustra ergo dixit quod ante addiscere aut invenire intellectus erat in potentia.

95. Sed et si quis addat homines semper fuisse secundum opinionem Aristotelis, sequitur quod non fuerit primus homo intelligens; et sic per phantasmata nullius species intelligibiles sunt acquisitae in intellectu possibili, sed sunt species intelligibiles intellectus possibilis aeternae. Frustra ergo Aristoteles posuit intellectum agentem, qui faceret intelligibilia in potentia intelligibilia in actu; frustra etiam posuit quod phantasmata se habent ad intellectum possibilem sicut colores ad visum, si intellectus possibilis nihil a phantasmatibus accipit. Quamvis et hoc ipsum irrationabile videatur, quod substantia separata a phantasmatibus nostris accipiat, et quod non possit se intelligere nisi post nostrum addiscere aut intelligere; quia Aristoteles post verba praemissa subiungit "et ipse se ipsum tunc potest intelligere", scilicet post addiscere aut invenire. Substantia enim separata secundum se ipsam est intelligibilis: unde per suam essentiam se intelligeret intellectus possibilis, si esset substantia separata; nec indigeret ad hoc speciebus intelligibilibus ei supervenientibus per nostrum intelligere aut invenire.

96. Si autem haec inconvenientia velint evadere, dicendo quod omnia praedicta Aristoteles dicit de intellectu possibili secundum

---

[15] 『생성소멸론』(*De generatione et corruptione*) 2.11, 337a34-338b19.

가르치는 사람이 알고 있는 것만을 배울 수 있기 때문이다. 그러므로 지성이 배움이나 발견 이전에 가능태로 있다고 말하는 것은 무의미해진다.

95. 그러나 혹자가 아리스토텔레스의 의견[15]에 따라 인간이 항상 존재했다고 부언한다면, 사고 작용을 한 최초의 인간은 없는 셈이 될 것이다. 따라서 지성상은 어느 누구의 심상을 통해서도 가능지성 안에 습득되지 않으며 가능지성의 지성상은 영원하게 될 것이다. 그러므로 아리스토텔레스가 가능적으로 사고될 수 있는 [대상]을 현실적으로 사고될 수 있는 [대상]으로 만드는 능동지성을 설정한 것은 헛된 시도가 된다. 만일 가능지성이 심상에서 아무것도 수용하지 않는다면, 색깔이 시각과 연관되듯이 심상이 가능지성과 연관된다고 그가 주장한 것 역시 헛된 시도가 된다. 더구나 분리된 실체가 우리의 심상에서 수용해야 하고, 우리의 배움이나 사고 작용 이후에만 자기 자신을 인식할 수 있다는 점은 매우 비합리적인 것처럼 보인다. 아리스토텔레스는 앞의 말에 "그것은 그때", 즉 배움과 발견 이후에 "자기 자신에 대해 사고할 수 있다"[16]고 덧붙인다. 분리된 실체는 그 자체로 사고될 수 있는 대상이다. 따라서 가능지성이 분리된 실체라면, 그것은 자신의 본질을 통해 자기 자신에 대해 사고할 것이다. 그것은 이렇게 하기 위해 우리의 사고 작용이나 발견을 통해 그것에 도달하는 지성상이 필요치 않게 될 것이다.

96. 그런데 그들은 가능지성에 대한 아리스토텔레스의 앞선 모든 언명이 가능지성이 그 자체로 존재하는 한에 있어서가 아니라 우리와 결합하는

---

[16] *DA* 3.4, 429b9.

quod continuatur nobis, et non secundum quod in se est: primo quidem dicendum est quod verba Aristotelis hoc non sapiunt, immo de ipso intellectu possibili loquitur secundum id quod est proprium sibi, et secundum quod distinguitur ab agente. Deinde si non fiat vis de verbis Aristotelis, ponamus, ut dicunt, quod intellectus possibilis ab aeterno habuerit species intelligibiles, per quas continuetur nobiscum secundum phantasmata quae sunt in nobis.

97. Oportet enim quod species intelligibiles quae sunt in intellectu possibili, et phantasmata quae sunt in nobis, aliquo horum trium modorum se habeant: quorum unus est, quod species intelligibiles quae sunt in intellectu possibili sint acceptae a phantasmatibus quae sunt in nobis, ut sonant verba Aristotelis; quod non potest esse secundum praedictam positionem, ut ostensum est. Secundus autem modus est ut illae species non sint acceptae a phantasmatibus, sed sint irradiantes supra phantasmata nostra; puta, si species aliquae essent in oculo irradiantes super colores qui sunt in pariete. Tertius autem modus est ut neque species intelligibiles quae sunt in intellectu possibili sint receptae a phantasmatibus, neque imprimant aliquid supra phantasmata.

98. Si autem ponatur secundum, scilicet quod species intelligibiles illustrent phantasmata et secundum hoc intelligantur: primo quidem sequitur quod phantasmata fiunt intelligibilia actu, non per in-

한에 있어서 한 말이라고 언급함으로써 이런 어려움을 피하고자 한다면, 먼저 아리스토텔레스의 말은 이런 의미가 아니라고 말해야 한다. 반대로 그는 가능지성에 고유한 것을 통해 그리고 그것이 능동지성과 구별되는 한에 있어서 그 가능지성에 대해 말한다. 그러고 나서 아리스토텔레스의 말이 설득력이 없다면, 그들이 말하듯이[17] 가능지성은 우리 안에 있는 심상에 의해 우리와 접촉하도록 하는 지성상을 영원 이전부터 지니게 될 것이라고 주장해 보자.

97. 가능지성 안에 있는 지성상과 우리 안에 있는 심상이 연관되는 방식은 다음 세 가지 방식 가운데 하나임이 분명하다. 그것들 중 첫째는, 아리스토텔레스의 말들이 의미하듯이 가능지성 안에 있는 지성상이 우리 안에 있는 심상에서 수용된다는 것이다. 이미 드러난 바대로,[18] 이것은 이전에 말한 입장에 따른다면 유지될 수 없다. 둘째 방식은, 가령 벽의 색깔을 비추는 눈 안의 어떤 상처럼, 그런 상은 심상에서 수용되는 것이 아니라 우리의 심상을 비추는 것이다. 셋째 방식은, 가능지성 안에 있는 지성상은 심상에서 수용되지 않으며 심상에 어떤 것을 새기지도 않는다.

98. 지성상이 심상을 조명하고 이와 같은 방식으로 그것이 사고된다는 둘째 방식을 가정하면, 첫째, 심상은 능동지성을 통해서가 아니라 가능지성

---

[17] LCDA 3.5, 407.574-604.　　　[18] DUI 4장 (95번) 참조.

tellectum agentem, sed per intellectum possibilem secundum suas species. Secundo, quod talis irradiatio phantasmatum non poterit facere quod phantasmata sint intelligibilia actu: non enim fiunt phantasmata intelligibilia actu nisi per abstractionem; hoc autem magis erit receptio quam abstractio. Et iterum, cum omnis receptio sit secundum naturam recepti, irradiatio specierum intelligibilium quae sunt in intellectu possibili non erit in phantasmatibus quae sunt in nobis intelligibiliter, sed sensibiliter et materialiter; et sic nos non poterimus intelligere universale per huiusmodi irradiationem. Si autem species intelligibiles intellectus possibilis neque accipiuntur a phantasmatibus, neque irradiant super ea, erunt omnino disparatae et nihil proportionale habentes, nec phantasmata aliquid facient ad intelligendum: quod manifestis repugnat. Sic igitur omnibus modis impossibile est quod intellectus possibilis sit unus tantum omnium hominum.

을 통해 그 자신의 상에 따라 현실적으로 사고될 것이다. 둘째, 심상에 대한 그러한 조명은 심상을 현실적으로 사고될 수 있는 것으로 만들 수 없을 것이다. 왜냐하면 심상은 단지 추상 작용을 통해서만 현실적으로 사고되기 때문이다.[19] 그러나 이 방식은 추상 작용이라기보다는 수용일 것이다. 더 나아가 모든 수용은 수용되는 [대상]의 본질을 따르기 때문에, 가능지성 안에 있는 지성상에 대한 조명은 우리 안에 있는 심상 안에 지성적인 방식으로가 아니라 감각적이고 물질적인 방식으로 있게 될 것이다. 그러므로 우리는 이런 유의 조명을 통해 보편적인 것에 대해 사고할 수 없을 것이다. 그러나 만일 가능지성의 지성상이 심상에서 수용되지 않을 뿐 아니라 그 심상을 비추지도 않는다면, 전자는 전적으로 후자와 무관하며, 어떠한 비례 관계도 없다. 또한 심상은 사고 작용에 대해 어떠한 기여도 하지 않을 것이다. 그러나 이 점은 자명한 것에 위배된다. 따라서 어떤 방식으로든 모든 인간에게 단 하나뿐인 가능지성이 있다는 것은 불가능하다.

---

[19] 토마스의 추상 이론에 대해서는 이재룡 「토마스 아퀴나스의 추상 이론」,『가톨릭 철학』창간호 (1999) 134-68 참조.

DE UNITATE INTELLECTUS

CAPITULUM V

99. Restat autem nunc solvere ea quibus pluralitatem intellectus possibilis nituntur excludere. Quorum primum est, quia omne quod multiplicatur secundum divisionem materiae est forma materialis: unde substantiae separatae a materia non sunt plures in una specie. Si ergo plures intellectus essent in pluribus hominibus qui dividuntur ad invicem numero per divisionem materiae, sequeretur ex necessitate quod intellectus esset forma materialis: quod est contra verba Aristotelis et probationem ipsius qua probat quod intellectus est separatus. Si ergo est separatus et non est forma materialis, nullo modo multiplicatur secundum multiplicationem corporum.

지 성 단 일 성

제5장_지성다수성을 위한 철학적 논변

99. 이제 그들[아베로에스주의자들]로 하여금 가능지성의 다수성을 배제하도록 한 그러한 [논변들]을 다루는 일이 남아 있다. 그것들 가운데 첫째는, 질료의 구분에 따라 다수가 되는 것은 모두 물질적 형상이기 때문에 질료에서 분리되는 실체들은 동일한 종익 범위 내에서 다수가 될 수 없다는 [논변]이다.[1] 따라서 질료의 구분에 따라 서로 수적으로 구분되는 다수의 인간에게 다수의 지성이 있다면, 지성은 반드시 물질적 형상이 될 것이다. 이 점은 아리스토텔레스의 말과 그로 하여금 지성이 분리된다고 입증하도록 한 논변과 상반된다. 그러므로 그것은 분리되며 또한 물질적 형상이 아니라면, 신체가 다수가 된다고 해서 그것은 다수가 될 수 없다.

---

[1] *QIIIDA* 9, 25.7-26.9; *DAI* 7, 101.13-17.

100. Huic autem rationi tantum innituntur, quod dicunt quod Deus non posset facere plures intellectus unius speciei in diversis hominibus: dicunt enim quod hoc implicaret contradictionem, quia habere naturam ut numeraliter multiplicetur est aliud a natura formae separatae. Procedunt autem ulterius, ex hoc concludere volentes quod nulla forma separata est una numero nec aliquid individuatum. Quod dicunt ex ipso vocabulo apparere, quia non est unum numero nisi quod est unum de numero; forma autem liberata a materia non est unum de numero, quia non habet in se causam numeri, eo quod causa numeri est a materia.

101. Sed ut a posterioribus incipiamus, videntur vocem propriam ignorare in hoc quod ultimo dictum est. Dicit enim Aristoteles in IV *Metaphysicae* quod "cuiusque substantia unum est non secundum accidens", et quod "nihil est aliud unum praeter ens". Substantia ergo separata si est ens, secundum suam substantiam est una; praecipue cum Aristoteles dicat in VIII *Metaphysicae* quod ea quae non habent materiam, non habent causam ut sint unum et ens. Unum autem in V *Metaphysicae* dicitur quadrupliciter, scilicet numero, specie, genere, proportione. Nec est dicendum quod aliqua substantia separata sit unum tantum specie vel genere, quia hoc non est esse simpliciter unum: relinquitur quod quaelibet substantia

---

² 직역: "왜냐하면 어떤 것이 수 가운데 하나(unum de numero)가 아니라면, 수에서 하나(unum numero)가 아니다."

100. 그들은 이 논변을 매우 신뢰함으로써 신이 서로 다른 인간에게 종적으로 동일한 다수의 지성을 만들 수 없었다고 한다. 그들은 이것이 모순을 내포한다고 말한다. 왜냐하면 수적으로 다수가 될 수 있는 본성을 지닌 것은 분리된 형상의 본성과 다르기 때문이다. 그러나 그들은 한 걸음 더 나아가 이 점에서 어떠한 분리된 형상도 수적으로 하나가 될 수 없고 개체화될 수도 없다는 결론을 내리고자 한다. 그들은 이 점이 말 그 자체로 보아 분명하다고 말한다. 왜냐하면 하나의 사물이 많은 것 가운데 하나가 아니라면 수적으로 하나가 아니기 때문이다.² 그러나 질료에서 자유로운 형상은 자체 안에 수의 원인을 지니고 있지 않기 때문에 많은 것 가운데 하나가 아니다. 왜냐하면 수의 원인은 질료에서 나오기 때문이다.

101. 그러나 우선 후자의 논지에서 시작하면, 그들은 바로 앞에 언급된 것에 대한 적절한 의미를 알지 못하는 것 같다. 왜냐하면 아리스토텔레스는 『형이상학』 제4권에서 "사물 저마다의 실체는 하나이지만 우유적 방식으로 하나가 아니며", "하나는 존재자 이외에 다른 어떤 것도 아니다"³라고 말하고 있기 때문이다. 그러므로 분리된 실체가 존재자라면 그것은 자신의 실체에 따라 하나다. 특히 아리스토텔레스는 『형이상학』 제8권에서 질료를 지니지 않는 사물이 그것의 단일성과 존재자에 대한 원인을 지니지 않는다고 말하기 때문이다.⁴ 그러나 『형이상학』 제5권에서는 하나가 수, 종, 유, 비례와 같은 네 가지 방식으로 설명된다.⁵ 분리된 실체는 단지 종이나 유에서만 하나라고 말해서는 안 된다. 왜냐하면 이것은 단적으로 하나가 아니기 때문이다. 따라서 분리된 실체는 모두 수적으로 하나가 된다.

³ *Met* 6.2, 1003b31-32.   ⁴ *Met* 8.6, 1045a31-b6.

⁵ *Met* 5.6, 1016b31-35.

separata sit unum numero. Nec dicitur aliquid unum numero quia sit unum de numero – non enim numerus est causa unius sed e converso –, sed quia in numerando non dividitur; unum enim est id quod non dividitur.

102. Nec iterum hoc verum est, quod omnis numerus causetur ex materia: frustra enim Aristoteles quaesivisset numerum substantiarum separatarum. Ponit etiam Aristoteles in V *Metaphysicae* quod multum dicitur non solum numero, sed specie et genere. Nec etiam hoc verum est, quod substantia separata non sit singularis et individuum aliquid; alioquin non haberet aliquam operationem, cum actus sint solum singularium, ut Philosophus dicit; unde contra Platonem argumentatur in VII *Metaphysicae* quod si ideae sunt separatae, non praedicabitur de multis idea, nec poterit definiri, sicut nec alia individua quae sunt unica in sua specie, ut sol et luna. Non enim materia est principium individuationis in rebus materialibus, nisi in quantum materia non est participabilis a pluribus, cum sit primum subiectum non existens in alio; unde et de idea Aristoteles dicit quod, si idea esset separata "esset quaedam, id est individua, quam impossibile esset praedicari de multis".

103. Individuae ergo sunt substantiae separatae et singulares; non autem individuantur ex materia, sed ex hoc ipso quod non sunt na-

---

[6] *Met* 5.6, 1016b4-5.   [7] *Met* 5.6, 1017a2-6.

그러나 어떤 것을 수적으로 하나라고 말하는 이유는 그것이 많은 것 중 하나라는 점에 있지 않고 — 수는 하나의 원인이 아니라 그 역이기 때문이다 — [수를] 세는 과정에서 나누어지지 않다는 데 있다. 실상 하나는 나누어지지 않는 것이다.[6]

102. 더욱이 모든 수의 원인이 질료라고 말하는 것도 참이 아니다. 그럴 경우 아리스토텔레스가 분리된 실체들의 수를 추구한 것은 헛되게 될 것이기 때문이다. 또한 아리스토텔레스는 『형이상학』 제5권에서, 다수는 수의 측면에서뿐 아니라 종과 유의 측면에서도 언급된다고 주장한다.[7] 분리된 실체가 특수자나 개별자가 아니라고 말하는 것 역시 참이 아니다. 그렇지 않다면 철학자가 말하듯이 활동은 특수자에게만 속하기 때문에 그 분리된 실체는 어떠한 작용도 지니지 않게 될 것이다.[8] 그러므로 그는 플라톤에 반대하여 『형이상학』 제7권에서 이데아들이 분리된다면, 태양과 달처럼 종의 측면에서 하나뿐인 나머지 개별자들의 경우처럼 하나의 이데아가 다수에 대해 술어화되지 않을 것이며 정의될 수도 없을 것이라고 주장하다. 실제로 질료는 타자 안에 존재하지 않는 제일주체이므로 다수가 질료에 참여할 수 없는 한에서만 질료는 물질적 사물 안에 있는 개체화의 원리다. 그러므로 아리스토텔레스는 심지어 이데아가 분리된다면, "그것은 어떤 것, 즉 다수에 대해 술어화될 수 없는 개별자"가 될 것이라고 말한다.[9]

103. 따라서 분리된 실체들은 개별적이고 특수하다. 그러나 그것들은 질료에 의해서 개체화되지 않고, 본성적으로 타자 안에 존재하지 않으며 결

---

[8] *Met* 1.1, 981a16-17.   [9] *Met* 7.15, 1040a25-30.

tae in alio esse, et per consequens nec participari a multis. Ex quo sequitur quod si aliqua forma nata est participari ab aliquo, ita quod sit actus alicuius materiae, illa potest individuari et multiplicari per comparationem ad materiam. Iam autem supra ostensum est quod intellectus est virtus animae quae est actus corporis; in multis igitur corporibus sunt multae animae, et in multis animabus sunt multae virtutes intellectuales quae vocantur intellectus: nec propter hoc sequitur quod intellectus sit virtus materialis, ut supra ostensum est.

104. Si quis autem obiiciat quod, si multiplicantur secundum corpora, sequitur quod destructis corporibus non remaneant multae animae: patet solutio per ea quae supra dicta sunt. Unumquodque enim sic est ens sicut unum, ut dicitur in VI *Metaphysicae*; sicut igitur esse animae est quidem in corpore in quantum est forma corporis, nec est ante corpus, tamen destructo corpore adhuc remanet in suo esse: ita unaquaeque anima remanet in sua unitate, et per consequens multae animae in sua multitudine.

105. Valde autem ruditer argumentantur ad ostendendum quod hoc Deus facere non possit quod sint multi intellectus, credentes hoc includere contradictionem. Dato enim quod non esset de natura intellectus quod multiplicaretur, non propter hoc oporteret quod intel-

[10] *DUI* 1장 (27번) 참조. [11] *DUI* 3장 (83-85번) 참조.
[12] *Met* 4.2, 1003b30-34.

과적으로 다수에 의해 참여되지 않는다는 사실에 의해 개체화된다. 이 점에 비추어 볼 때, 어떤 형상이 본성적으로 타자에 의해 참여됨으로써 어떤 질료의 현실태가 된다면, 그 형상은 질료와의 관계를 통해 개체화되고 다수화될 수 있을 것이다. 그러나 지성이 신체의 현실태인 영혼의 능력이라는 점을 이미 앞에서 보여 주었다.[10] 그러므로 다수의 신체 안에 다수의 영혼이 있고, 다수의 영혼에 지성이라고 불리는 다수의 지성 능력이 있다. 앞에서 드러난 것처럼[11] 이런 이유로 인해 지성이 물질적 능력이라는 결론이 나올 수 없다.

104. 그것들이 신체에 따라 다수화될 경우 신체가 소멸될 때 다수의 영혼이 남지 않을 것이라고 반박하는 이가 있다면, 그 답변은 앞서 말한 것을 통해 밝혀진다. 『형이상학』 제4권에서 말하듯이, 모든 것은 하나인 한에서 존재자다.[12] 그러므로 영혼이 신체의 형상인 한에서 영혼의 존재가 신체 안에 있게 되고 영혼이 신체 이전에 존재하지는 않지만 신체가 소멸된 이후에도 지속적으로 존재한다. 마찬가지로 각각의 영혼은 하나로 있으며, 결과적으로 그것의 다수성에 따라 다수의 영혼이 있게 된다.

105. 그런데 그들은 다수의 지성이 있다는 점이 모순을 포함한다고 믿기 때문에, 신이 다수의 지성을 존재하도록 할 수 없다는 점을 보이기 위해 매우 조야한 논변을 전개한다. 왜냐하면 설사 다수가 된다는 점이 지성의 본성에 속하지 않을지라도[13] 이런 이유로 인해 지성의 다수성이 모순을 포

---

[13] *QIIIDA* 9, 26.23: "나는 수적으로 여럿이 된다는 것이 지성의 본성 안에 있지 않다고 말한다"(Dico quod in natura intellectus non est quod multiplicetur secundum numerum).

lectum multiplicari includeret contradictionem. Nihil enim prohibet aliquid non habere in sua natura causam alicuius, quod tamen habet illud ex alia causa: sicut grave non habet ex sua natura quod sit sursum, tamen grave esse sursum non includit contradictionem; sed grave esse sursum secundum suam naturam contradictionem includeret. Sic ergo si intellectus naturaliter esset unus omnium quia non haberet naturalem causam multiplicationis, posset tamen sortiri multiplicationem ex supernaturali causa, nec esset implicatio contradictionis. Quod dicimus non propter propositum, sed magis ne haec argumentandi forma ad alia extendatur; sic enim possent concludere quod Deus non potest facere quod mortui resurgant, et quod caeci ad visum reparentur.

106. Adhuc autem ad munimentum sui erroris aliam rationem inducunt. Quaerunt enim utrum intellectum in me et in te sit unum penitus, aut duo in numero et unum in specie. Si unum intellectum, tunc erit unus intellectus; si duo in numero et unum in specie, sequitur quod intellecta habebunt rem intellectam: quaecumque enim sunt duo in numero et unum in specie sunt unum intellectum, quia est una quidditas per quam intelligitur; et sic procedetur in infinitum, quod est impossibile. Ergo impossibile est quod sint duo intellecta in numero in me et in te; est ergo unum tantum, et unus intellectus numero tantum in omnibus.

함한다는 결론이 도출되지는 않기 때문이다. 실상 어떤 [속성]의 원인이 본성 안에 있지 않다는 이유로 다른 원인에서 그 [속성]을 취하는 것을 막을 수는 없다. 예컨대, 무거운 것은 위로 올라가는 [속성]을 본성적으로 지니지 않지만, 무거운 것이 위로 올라가는 것은 모순을 내포하지 않는다. 그러나 무거운 것이 본성적으로 위로 올라가는 것은 모순을 내포할 것이다. 그러므로 지성은 다수화의 본성적 원인을 지니고 있지 않기 때문에 본성적으로 모든 인간에게 하나다. 그럼에도 그것은 초자연적 원인에서 다수성을 수용할 수 있으며, 이 점은 모순을 내포하지 않을 것이다. 우리가 이렇게 말하는 이유는 당면 문제 때문이 아니라 이런 논변 형식이 다른 [경우]에 적용되는 것을 막기 위해서다. 왜냐하면 이런 식으로 그들은 신이 죽은 이들을 살리지 못하며 장님의 시력을 회복시킬 수 없다고 결론 내릴 수 있기 때문이다.

106. 그러나 그들은 자신들의 오류를 옹호하기 위해 또 다른 논변을 도입힌다. 그들은 사고 대상이 나와 너 안에서 전적으로 하나인가, 아니면 수적으로 둘이지만 종적으로 하나인가를 질문한다. 사고 대상이 하나라면 지성은 하나가 될 것이다. 그것이 수적으로 둘이지만 종적으로 하나라면 사고 대상들은 [제3의] 사고 대상을 가지게 될 것이다. 수적으로 둘이지만 종적으로 하나인 모든 것에는 사고 대상이 하나다. 왜냐하면 사고 작용이 일어나도록 하는 하성(何性)이 하나이기 때문이다. 그리고 이런 식으로 무한히 진행될 것인데, 이것은 불가능하다. 따라서 사고 대상들이 나 안에 그리고 너 안에 수적으로 둘이 되는 것은 불가능하다. 그렇다면 사고 대상은 단 하나이며, 그 결과 지성은 모든 인간에게 수적으로 오직 하나뿐이다.[14]

107. Quaerendum est autem ab his qui tam subtiliter se argumentari putant, utrum quod sint duo intellecta in numero et unum in specie, sit contra rationem intellecti in quantum est intellectum, aut in quantum est intellectum ab homine. Et manifestum est secundum rationem quam ponunt, quod hoc est contra rationem intellecti in quantum est intellectum; de ratione enim intellecti, in quantum huiusmodi, est quod non indigeat quod ab eo aliquid abstrahatur ad hoc quod sit intellectum. Ergo secundum eorum rationem simpliciter concludere possumus quod sit unum intellectum tantum, et non solum unum intellectum ab omnibus hominibus. Et si est unum intellectum tantum, secundum eorum rationem sequitur quod sit unus intellectus tantum in toto mundo, et non solum in hominibus. Ergo intellectus noster non solum est substantia separata, sed etiam est ipse Deus; et universaliter tollitur pluralitas substantiarum separatarum.

108. Si quis autem vellet respondere quod intellectum ab una substantia separata et intellectum ab alia non est unum specie, quia intellectus differunt specie, se ipsum deciperet; quia id quod intelligitur comparatur ad intelligere et ad intellectum sicut obiectum ad actum et potentiam. Obiectum autem non recipit speciem ab actu

107. 그런데 스스로 매우 세밀하게 논증했다고 생각하는 이들에게 다음과 같이 질문해야 한다. 사고 대상들이 수적으로 둘이지만 종적으로 하나라는 점은 사고 대상이 사고되는 한에서 사고 대상의 개념에 상반되는가 아니면 사고 대상이 인간에 의해 사고되는 한에서 그 개념에 상반되는가? 그리고 그들이 주장한 바에 따르면, 이것은 사고되는 한에서 사고 대상의 개념에 상반됨이 분명하다. 왜냐하면 사고 대상의 개념이 이런 종류인 한에서, 사고될 수 있기 위해 어떠한 것도 그것에서 추상될 필요가 없기 때문이다. 그러므로 그들의 추론에 따르면, 우리는 단지 모든 인간에 의해 사고되는 대상이 하나일 뿐 아니라 사고되는 대상 자체도 오직 하나뿐이라고 간단히 결론 내릴 수 있다. 그리고 그들의 추론에 따르면, 사고 대상이 오직 하나뿐이라면 인간들에게뿐 아니라 전 세계에 단 하나의 지성만 있게 된다. 그러므로 우리 지성은 단지 분리된 실체가 될 뿐 아니라 심지어 신 자체가 된다. 그리고 분리된 실체의 다수성은 전적으로 사라지게 될 것이다.

108. 그런데 지성들이 종적으로 다르다는 이유 때문에 하나의 분리된 실체에 의해 사고되는 [대상]과 또 하나의 [분리된 실체]에 의해 사고되는 [대상]이 종적으로 하나가 아니라고 대답하기를 원하는 이가 있다면, 자신을 속이는 것이 될 것이다. 왜냐하면 대상이 작용과 능력에 연관되듯이 사고 대상은 사고 작용과 지성에 연관되기 때문이다. 그런데 대상은 작용이나

◂14 참조: *LCDA* 3.5, 392.158-393.195와 411.710-412.728. 토마스는 *QDSC* a.9 ad 6에서 "아베로에스는 이 논변에 특별한 강조점을 두는 것처럼 보인다"(In hac ratione preacipuam vim videtur Averroes constituere)라고 말한다.

neque a potentia, sed magis e converso: est ergo simpliciter concedendum quod intellectum unius rei, puta lapidis, est unum tantum non solum in omnibus hominibus, sed etiam in omnibus intelligentibus.

109. Sed inquirendum restat quid sit ipsum intellectum. Si enim dicant quod intellectum est una species immaterialis existens in intellectu, latet ipsos quod quodammodo transeunt in dogma Platonis, qui posuit quod de rebus sensibilibus nulla scientia potest haberi, sed omnis scientia habetur de forma una separata. Nihil enim refert ad propositum, utrum aliquis dicat quod scientia quae habetur de lapide habetur de una forma lapidis separata, an de una forma lapidis quae est in intellectu: utrobique enim sequitur quod scientiae non sunt de rebus quae sunt hic, sed de rebus separatis solum. Sed quia Plato posuit huiusmodi formas immateriales per se subsistetes, poterat etiam cum hoc ponere plures intellectus participantes ab una forma separata unius veritatis cognitionem. Isti autem quia ponunt huiusmodi formas immateriales – quas dicunt esse intelleta – in intellectu, necesse habent ponere quod sit unus intellectus tantum, non solum omnium hominum, sed etiam simpliciter.

능력으로부터 상을 받아들이지 않으며, 그 반대의 경우가 참이다. 그러므로 단순히 하나의 사물, 예컨대 하나의 돌에 대해 사고되는 [대상]은 모든 인간에 대해서뿐 아니라 사고 작용을 하는 모든 존재에 대해서 오직 하나뿐이라고 인정되어야 한다.

109. 그러나 사고 대상이 무엇이냐라는 질문이 남아 있다. 그들이 사고 대상을 지성 안에 존재하는 비물질적인 하나의 상이라고 말한다면, 어떤 의미에서 부지불식간에, 어떠한 지식도 감각 대상이 되는 사물에서 도출될 수 없고 모든 지식이 분리된 하나의 형상에서 도출된다는 플라톤의 이론[15]으로 돌아가게 될 것이기 때문이다. 그것은, 혹자가 돌에 대한 지식이 돌에 대한 분리된 하나의 형상에서 나온다고 말해야 하는지, 아니면 지성 안에 있는 돌에 대한 하나의 형상에서 나온다고 말해야 하는지의 여부에 대한 문제와 무관하다. 왜냐하면 어떤 경우든 지식은 이 세계에 있는 사물에 대한 것이 아니라 오직 분리된 것에 대한 것이기 때문이다. 그러나 플라톤은 사립적으로 존재하는 이런 종류의 비물질적 형상들을 설정했기 때문에, 이것과 함께 분리된 하나의 형상으로부터 하나의 진리에 대한 인식에 참여하는 다수의 지성을 설정할 수 있었다. 그러나 그들은 지성 안에 이런 종류의 비물질적 형상들 — 그들이 사고 대상들이라고 부르는 — 을 설정하기 때문에, 모든 인간에 대해서뿐 아니라 단적으로도 오직 하나의 지성만 있다고 주장해야 한다.

---

[15] *Met* 1.6, 987b4-18. 토마스는 지성상을 인식 대상으로 삼게 된다면, 모든 학문이 영혼 밖에 있는 사물들이 아니라 단지 영혼 안에 있는 지성상만을 다루게 되는 주관주의(subjectivism)나 유아론(唯我論, solipsism)에 빠져들게 되는 위험성을 인정한다. *ST* 1.85.2 참조.

110. Est ergo dicendum secundum sententiam Aristotelis quod intellectum quod est unum est ipsa natura vel quidditas rei; de rebus enim est scientia naturalis et aliae scientiae, non de speciebus intellectis. Si enim intellectum esset non ipsa natura lapidis quae est in rebus, sed species quae est in intellectu, sequeretur quod ego non intelligerem rem quae est lapis, sed solum intentionem quae est abstracta a lapide. Sed verum est quod natura lapidis prout est in singularibus, est intellecta in potentia; sed fit intellecta in actu per hoc quod species a rebus sensibilibus, mediantibus sensibus, usque ad phantasiam perveniunt, et per virtutem intellectus agentis species intelligibiles abstrahuntur, quae sunt in intellectu possibili. Hae autem species non se habent ad intellectum possibilem ut intellecta, sed sicut species quibus intellectus intelligit, sicut et species quae sunt in visu non sunt ipsa visa, sed ea quibus visus videt: nisi in quantum intellectus reflectitur supra se ipsum, quod in sensu accidere non potest.

111. Si autem intelligere esset actio transiens in exteriorem materiam, sicut comburere et movere, sequeretur quod intelligere esset secundum modum quo natura rerum habet esse in singularibus, sicut combustio ignis est secundum modum combustibilis. Sed

---

[16] 참조: *ST* 1.84.7. 사고 대상과 지성상과의 관계에 대해서는 이상섭 「토마스 아퀴나스와 표상주의 논쟁」 『철학연구』 68 (2005) 227-48; 이재경 「토마스 아퀴나스와 실재론의 안팎」 『인간연구』 8 (2005) 221-41 참조.

110. 따라서 아리스토텔레스의 견해에 의하면, [수적으로] 하나인 사고 대상은 사물의 본성 또는 하성 자체라고 말해야 한다.[16] 왜냐하면 자연학과 그 밖의 학문들은 사물에 관한 것들이지 사고되는 상에 관한 것들이 아니기 때문이다. 사고 대상이 사물 안에 있는 돌의 본성 자체가 아니고 지성 안에 있는 상이라면, 나는 돌이라는 그 사물에 대해 사고하는 것이 아니라 돌에서 추상된 관념에 대해 사고하게 될 것이다. 그러나 돌의 본성은 특수자 안에 있을 때 가능태로 사고된다. 하지만 상이 감각을 통해 감각 대상이 되는 사물에서 상상력[17]에 이르게 된다는 사실과 지성상이 능동지성의 능력을 통해 추상되며 이것이 가능지성 안에 존재하게 되는 사실 때문에 돌의 본성은 현실태로 사고된다. 지성이 감각 안에서 일어날 수 없는 자기 자신에 대한 반성 작용을 한다는 점을 제외한다면, 시각 안에 있는 상이 보이는 사물 그 자체가 아니라 시각으로 하여금 보는 작용을 하도록 하는 것인 것처럼, 이런 [지성]상은 가능지성과 사고 대상으로서가 아니라 지성을 사고 작용 하도록 하는 상으로서 연관된다.

111. 그러나 만일 사고 작용이 불타는 작용과 움직이는 작용처럼 외부의 질료로 옮겨가는 작용이라면, 불의 연소가 가연성 물질의 양태에 따라 일어나듯이 사고 작용은 사물의 본질이 특수자 안에 존재하는 방식과 같이

---

[17] 네 가지 내적 감각 가운데 하나. 내적 감각은 외적 세계에 대해 외적 감각이 획득한 일차 정보인 감각상(感覺像, species sensibilis)을 받아들여 저장하고 처리하는 기능을 한다. 상상력은 공통 감각(sensus communis)에 수용된 감각상을 저장하며 지성의 작용에 필수불가결한 감각 자료를 산출하고 보존하는 역할을 담당한다.

quia intelligere est actio in ipso intelligente manens, ut Aristoteles dicit in IX *Metaphysicae*, sequitur quod intelligere sit secundum modum intelligentis, id est secundum exigentiam speciei qua intelligens intelligit. Haec autem, cum sit abstracta a principiis individualibus, non repraesentat rem secundum conditiones individuales, sed secundum naturam universalem tantum. Nihil enim prohibet, si aliqua duo coniunguntur in re, quin unum eorum repraesentari possit etiam in sensu sine altero: unde color mellis vel pomi videtur a visu sine eius sapore. Sic igitur intellectus intelligit naturam universalem per abstractionem ab individualibus principiis.

112. Est ergo unum quod intelligitur et a me et a te, sed alio intelligitur a me et alio a te, id est alia specie intelligibili; et aliud est intelligere meum et aliud tuum; et alius est intellectus meus et alius tuus. Unde et Aristoteles in *Praedicamentis* dicit aliquam scientiam esse singularem quantum ad subiectum, "ut quaedam grammatica in subiecto quidem est anima, de subiecto vero nullo dicitur". Unde et intellectus meus quando intelligit se intelligere, intelligit quemdam singularem actum; quando autem intelligit intelligere simpliciter, intelligit aliquid universale. Non enim singularitas repugnat intelligibilitati, sed materialitas: unde, cum sint aliqua singularia im-

---

[18] *Met* 9.8, 1050a34-36.

일어나게 될 것이다. 그러나 아리스토텔레스가 『형이상학』 제9권에서 말하듯이, 사고 작용은 사고 작용을 하는 주체 안에 있는 작용이기 때문에, 그 사고 작용은 사고 작용을 하는 주체의 양태, 즉 그 주체를 사고 작용 하도록 하는 상의 필요조건에 따르게 될 것이다.[18] 그러나 이 [상]은 개체화의 원리에서 추상되기 때문에 개별적 조건이 아니라 보편적 본성에 따라서만 사물을 표상한다.[19] 두 가지가 하나의 사물 안에서 결합된다면, 그것들 중 하나가 나머지 하나 없이 감각 안에서 표상되는 것을 막을 수가 없다. 따라서 꿀이나 사과의 색깔은 그 향기 없이도 시각을 통해 보인다. 그러므로 지성은 개별적 원리로부터 추상 작용을 통해 보편적 본질에 대해 사고한다.

112. 그러므로 나와 너 둘 다에 의해 사고되는 대상은 하나지만 나에 의해 사고되는 방식과 너에 의해, 즉 상이한 지성상에 의해 사고되는 방식은 별개다. 또한 나의 사고 작용과 너의 사고 작용도 별개이며 나의 지성과 너의 지성도 별개다. 그래서 아리스토텔레스는 『범주론』에서 "어떤 문법적 [지식]은 주체인 영혼 안에 있지만 어떤 주체에 대해서는 말해지는 것이 아니듯이" 어떤 지식은 주체의 측면에서 특수하다고 말한다.[20] 그러므로 나의 지성은 스스로가 사고 작용을 한다는 사실을 사고할 경우 어떤 특수한 작용에 대해 사고하는 셈이다. 그러나 그것은 사고 작용에 대해 단적으로 사고할 때, 보편자에 대해 사고한다. 특수성은 사고 가능성에 상반되지 않지만 물질성은 사고 가능성에 상반된다. 따라서 앞에서 분리된 실체에

---

[19] '재현(再現)하다'로도 번역될 수 있다.
[20] 『범주론』(*Categoriae*), 2, 1a25-27.

materialia, sicut de substantiis separatis supra dictum est, nihil prohibet huiusmodi singularia intelligi.

113. Ex hoc autem apparet quomodo sit eadem scientia in discipulo et doctore. Est enim eadem quantum ad rem scitam, non tamen quantum ad species intelligibiles quibus uterque intelligit; quantum enim ad hoc, individuatur scientia in me et in illo. Nec oportet quod scientia quae est in discipulo causetur a scientia quae est in magistro, sicut calor aquae a calore ignis; sed sicut sanitas quae est in materia a sanitate quae est in anima medici. Sicut enim in infirmo est principium naturale sanitatis, cui medicus auxilia subministrat ad sanitatem perficiendam, ita in discipulo est principium naturale scientiae, scilicet intellectus agens et prima principia per se nota; doctor autem subministrat quaedam adminicula, deducendo conclusiones ex principiis per se notis. Unde et medicus nititur eo modo sanare quo natura sanaret, scilicet calefaciendo et infrigidando; et magister eodem modo inducit ad scientiam quo inveniens per se ipsum scientiam acquireret, procedendo scilicet de notis ad ignota. Et sicut sanitas in infirmo fit non secundum potestatem medici, sed secundum facultatem naturae: ita et scientia causatur in discipulo non secundum virtutem magistri, sed secundum facultatem addiscentis.

114. Quod autem ulterius obiiciunt, quod si remanerent plures substantiae intellectuales, destructis corporibus, sequeretur quod essent

대해 말했듯이 비물질적 특수자들이 있기 때문에, 그 무엇도 이런 종류의 특수자들이 사고되는 것을 막을 길이 없다.

113. 이 점으로 보아, 어떻게 학생과 교사에게 동일한 지식이 있게 되는지가 분명해진다. 왜냐하면 그것은 인식되는 사물에 관해서는 동일하지만, 각각을 인식하도록 하는 지성상에 관해서는 동일하지 않게 되는데, 이 측면에서 지식은 나와 그에게서 개체화되기 때문이다. 교사의 지식이 학생의 지식을 야기하는 방식은 분명, 불의 열기가 물의 열기를 야기하는 것과 같지 않고, 의사 영혼 안의 건강이 질료 안의 건강을 야기하는 것과 같다. 환자에게는 건강을 얻도록 의사가 도움을 제공하는 건강의 자연적 원리가 있다. 마찬가지로 학생에게는 교사가 자명한 원리에서 결론을 연역함으로써 어떤 도움을 제공하는 지식의 자연적 원리, 즉 능동지성과 자명한 제일원리가 있다. 그러므로 의사는 또한 자연의 치료 방식, 즉 가열과 냉각에 의해 치료하고자 하고, 교사는 배우는 자가 스스로 지식을 습득하는, 즉 알려진 것에서 미지의 것으로 나아가는 것과 같은 방식으로 지식에 이르게 된다. 그리고 병자가 의사의 능력이 아니라 자연의 능력에 따라 건강해지듯이, 학생에게 지식은 교사의 능력이 아니라 배우는 자의 능력에 따라 생긴다.[21]

114. 그러나 그들은, 다수의 지성적 실체가 신체 소멸 후에도 남는다면 그것들은 아무 활동도 하지 않을 것이라는 또 다른 반론을 제기한다. 마찬가

---

[21] *SCG* 2.75와 *ST* 1.117.1; *LCDA* 3.5, 411.717-412.721 참조.

otiosae, sicut Aristoteles in XI *Metaphysicae* argumentatur quod, si essent substantiae separatae non moventes corpus, essent otiosae: si bene litteram Aristotelis considerassent, de facili possent dissolvere. Nam Aristoteles, antequam hanc rationem inducat, praemittit "Quare et substantias et principia immobilia tot rationabile suscipere; necessarium enim dimittatur fortioribus dicere". Ex quo patet quod ipse probabilitatem quamdam sequitur, non necessitatem inducit.

115. Deinde, cum otiosum sit quod non pertingit ad finem ad quem est, non potest dici etiam probabiliter quod substantiae separatae essent otiosae, si non moverent corpora; nisi forte dicant quod motiones corporum sint fines substantiarum separatarum: quod est omnino impossibile, cum finis sit potior his quae sunt ad finem. Unde nec Aristoteles hoc inducit quod essent otiosae si non moverent corpora, sed quod "omnem substantiam impassibilem secundum se optimum sortitam finem esse oportet existimare". Est enim perfectissimum uniuscuiusque rei ut non solum sit in se bonum, sed ut bonitatem in aliis causet. Non erat autem manifestum qualiter substantiae separatae causarent bonitatem in inferioribus, nisi

---

[22] 일반적으로 corpus를 신체로 번역하지만, 여기서는 물체로 옮긴다.

[23] *Met* 12.8, 1074a18-22. '아무 활동도 하지 않는다'(otiosae)는 용어는 아베로에스의 「형이상학 주해」에 나온다. Averroes, *Aristotelis Metaphysicorum Libri XIII cum Averrois Cordubensis in eosdem commentariis et epitome*, in *In Aristotelis Opera Cum Averrois Commentariis* (Venice: Iunctas 1552), 11.44, fol. 153vb56; 11.48, fol. 156rb33.

지로, 아리스토텔레스는 『형이상학』 제11권에서 물체[22]를 움직이지 않는 분리된 실체가 있다면 그것은 아무 활동도 하지 않는 것이라고 논증한다.[23] 아리스토텔레스의 텍스트를 주의 깊게 살펴보면 이 어려움은 쉽게 해결될 수 있을 것이다. 왜냐하면 아리스토텔레스는 그런 추론에 앞서 이렇게 말하기 때문이다. "그러므로 움직일 수 없는 실체와 원리들이 그렇게 많이 있다는 주장은 합리적이다. 그런 점이 필연적이라고 말하는 것은 좀 더 유능한 사상가들의 몫이다."[24] 이로 보아 그 자신은 어떤 개연성을 따르지만 필연성을 도입하지 않음이 분명하다.

115. 게다가 아무 활동도 하지 않는 것은 자신이 지향하는 목적에 이르지 않는다. 이런 까닭에 물체의 운동이 분리된 실체의 목적이라고 그들이 말하지 않는다면, 분리된 실체가 물체를 움직이지 않을 경우 아무 활동을 하지 않는다고는 개연적으로도 말할 수 없을 것이다. 그것[물체의 운동이 분리된 실체의 목적이 되는 것]은 전적으로 불가능하다. 왜냐하면 목적은 목적을 지향하는 것보다 탁월하기 때문이다. 그러므로 아리스토텔레스는 여기서 그것들이 물체를 움직이지 않는다면 아무 활동을 하지 않음을 보여 주는 것이 아니라 "그 자체로 최선의 것을 획득한 영향 받지 않는 모든 실체를 목적으로 여겨야 함"[25]을 보여 준다. 왜냐하면 그 자체로 선할 뿐 아니라 나머지 것 안에서 선을 야기하는 것은 바로 사물의 최고 완전성이기 때문이다. 그러나 분리된 실체가 열등한 것 안에 선을 야기하는 방식은 단

---

[24] *Met* 12.8, 1074a15-17.

[25] *Met* 12.8, 1074a19-20.

per motum aliquorum corporum; unde ex hoc Aristoteles quamdam probabilem rationem assumit, ad ostendendum quod non sunt aliquae substantiae separatae nisi quae per motus caelestium corporum manifestantur: quamvis hoc necessitatem non habeat, ut ipsemet dicit.

116. Concedimus autem quod anima humana a corpore separata non habet ultimam perfectionem suae naturae, cum sit pars naturae humanae; nulla enim pars habet omnimodam perfectionem si a toto separetur. Non autem propter hoc frustra est; non enim est animae humanae finis movere corpus, sed intelligere, in quo est sua felicitas, ut Aristoteles probat in X *Ethicorum*.

117. Obiiciunt etiam ad sui erroris assertionem, quia si intellectus essent plures plurium hominum, cum intellectus sit incorruptibilis, sequeretur quod essent actu infiniti intellectus secundum positionem Aristotelis, qui posuit mundum aeternum et homines semper fuisse. Ad hanc autem obiectionem sic respondet Algazel in sua Metaphysica: dicit enim quod "in quocumque fuerit unum istorum sine alio", id est quantitas vel multitudo sine ordine, "infinitas non removebitur ab eo, sicut a motu caeli". Et postea subdit "Similiter

---

[26] *NE* 10.7, 1177a13-17.

[27] 세계의 영원성에 대해서는 *QIIIDA* 14, 52.78-82 참조.

지 어떤 물체의 운동을 통해서만 명확해진다. 따라서 아리스토텔레스가 말하듯이, 이것이 필연성을 지니지 않을지라도, 분리된 어떤 실체가 천체의 운동을 통해서만 분명하게 드러난다는 점을 보이기 위해 그는 이것에서 일종의 개연적인 추론을 채택한다.

116. 그런데 우리는 인간 영혼이 인간 본성의 일부이기 때문에 신체에서 분리될 경우 그 본성의 궁극적인 완전성을 지니지 않는다는 점을 용인한다. 실제로 부분은 전체에서 분리될 때, 온전한 완전성을 지니지 않는다. 그러나 이런 이유 때문에 그것이 쓸모없어지는 것은 아니다. 왜냐하면 인간 영혼의 목적은 신체를 움직이는 작용이 아니라 아리스토텔레스가 『니코마코스 윤리학』 제10권에서 입증하듯이 영혼의 행복이 자리하는 사고작용이기 때문이다.[26]

117. 또한 그들은 자신의 오류를 주장하면서, 다수의 인간에게 다수의 지성이 있으면 지성이 소멸될 수 없기 때문에, 세계는 영원하며 인간이 항상 존재했다고 주장한 아리스토텔레스의 입장에 따라[27] 지성이 현실적으로 무한해질 것이라는 반론을 제기한다.[28] 그러나 알가잘리는 이런 반론에 대해 『형이상학』에서 다음과 같이 답한다: 양이나 정돈되어 있지 않은 다수처럼 "그중 하나가 나머지 없이도 존재하게 되는 모든 경우에서 무한성은 천체의 운동에서처럼 그것에서 제거되지 않을 것이다." 그러고 나서 이렇게 부언한다. "마찬가지로 우리는 사후에 신체에서 분리될 수 있는 인간

---

[28] *DAI* 6, 98.72-77; 7.104.90-93. 시제의 『지성적 영혼』 7장의 라틴어-한글 대역은 『중세철학』 9호 (2003) 221-45에 수록되어 있다.

et animas humanas, quae sunt separabiles a corporibus per mortem, concedimus esse infinitas numero, quamvis habeant esse simul, quoniam non est inter eas ordinatio naturalis, qua remota desinant esse animae: eo quod nullae earum sunt causae aliis, sed simul sunt sine prius et posterius natura et situ. Non enim intelligitur in eis prius et posterius secundum naturam nisi secundum tempus creationis suae. In essentiis autem earum, secundum quod sunt essentiae, non est ordinatio ullo modo, sed sunt aequales in esse; e contrario spatiis et corporibus et causae et causato".

118. Quomodo autem Aristoteles hoc solveret, a nobis sciri non potest, quia illam partem *Metaphysicae* non habemus quam fecit de substantiis separatis. Dicit enim Philosophus in II *Physicorum* quod de formis "quae sunt separatae, in materia autem", in quantum sunt separabiles considerare "est opus philosophiae primae". Quidquid autem circa hoc dicatur, manifestum est quod ex hoc nullam angustiam Catholici patiuntur, qui ponunt mundum incepisse.

119. Patet autem falsum esse quod dicunt hoc fuisse principium apud omnes philosophantes, et Arabes et Peripateticos, quod intellectus non multiplicetur numeraliter, licet apud Latinos non. Algazel enim Latinus non fuit, sed Arabs. Avicenna etiam, qui Arabs

---

[29] Al-Ghazali, *Metaphysica*, 1, tr. 1, div. 6, 40.23-25; 41.1-10. 또한 *DUI* 2장 (58번) 참조.

영혼들이 동시에 존재해도 그것들이 수적으로 무한하다는 점을 인정한다. 왜냐하면 영혼들로 하여금 더 이상 존재하지 못하도록 하는 것을 제거하면 영혼들에는 어떠한 본성적 질서도 없기 때문이다. 실상, 영혼들 가운데 아무것도 나머지 것의 원인이 아니며 본성과 위치의 선후 없이 동시에 존재한다. 왜냐하면 본성이 영혼 창조의 시점을 따르지 않는다면 본성의 선후가 영혼들 안에 있다고 생각될 수 없기 때문이다. 그러나 그것들이 본질인 한에서 그 본질에는 결코 서열이 없고, 그 존재에 있어서는 동등하다. 공간과 물체, 그리고 원인과 결과에 대해서는 그 반대가 참이다."[29]

118. 그러나 아리스토텔레스 『형이상학』 중 분리된 실체에 대해 쓴[30] 부분은 전해오지 않기 때문에, 그가 이것을 어떻게 해결했는지는 알 길이 없다. 그런데 철학자[아리스토텔레스]는 『자연학』 제2권에서 분리될 수 있는 한 "분리되지만 그럼에도 질료 안에 있는" 형상을 탐구하는 것이 "제일철학의 작업"이라고 말하고 있다.[31] 그러나 이 전에 대해 어떤 말을 해도, 세계에 태초가 있었다고 주장하는 가톨릭 신자들이 걱정할 이유가 없음은 분명하다.

119. 반면, 지성이 수적으로 다수가 아니라는 것이 라틴 사람들에게는 원리가 아니었을지라도 철학하는 모든 아랍 사람과 소요학파에게는 원리였다는 그들[아베로에스주의자들]의 주장은 분명히 거짓이다. 실제로 알가잘리는 라틴 사람이 아니라 아랍 사람이었다. 아랍 사람이었던 아비첸나

---

[30] *DUI* 1장 (42번) 참조.   [31] *Phys* 2.2, 194b13-15

fuit, in suo libro *De anima* sic dicit "Prudentia et stultitia et opinio et alia huiusmodi similia, non sunt nisi in essentia animae. Ergo anima non est una sed est multae numero, et eius species una est".

120. Et ut Graecos non omittamus, ponenda sunt circa hoc verba Themistii in Commento. Cum enim quaesivisset de intellectu agente utrum sit unus aut plures, subiungit solvens "Aut primus quidem illustrans est unus, illustrati autem et illustrantes sunt plures. Sol quidem enim est unus, lumen autem dices modo aliquo partiri ad visus. Propter hoc enim non solem in comparatione proposuit, scilicet Aristoteles, sed lumen; Plato autem solem". Ergo patet per verba Themistii quod nec intellectus agens, de quo Aristoteles loquitur, est unus qui est illustrans, nec etiam possibilis qui est illustratus; sed verum est quod principium illustrationis est unum, scilicet aliqua substantia separata: vel Deus secundum Catholicos, vel intelligentia ultima secundum Avicennam. Unitatem autem huius separati principii probat Themistius per hoc quod docens et addiscens idem intelligit, quod non esset nisi esset idem principium illustrans. Sed verum est quod postea dicit, quosdam dubitasse de intellectu possibili utrum sit unus.

---

[32] *Liber de anima seu sextus de naturalibus*, 5.3, 111.16-20.

[33] Themistius, *In De anima*, 3, 235.7-11.

도 『영혼론』에서 이렇게 말한다. "사려, 우둔 그리고 이런 종류의 나머지 것들은 영혼의 본질 안에만 존재한다. 그러므로 영혼은 하나가 아니라 수적으로 여럿이며, 그것의 종은 하나다."[32]

120. 그리고 우리는 그리스 사람들을 빠뜨리지 않기 위해, 테미스티우스가 『영혼론 주해』에서 이 점에 관해 한 말을 언급해야 한다. 왜냐하면 능동지성이 하나인지 여럿인지에 대해 탐구하면서 그가 이렇게 대답하기 때문이다: "제일 조명자는 실제로 하나지만 조명된 것과 조명하는 것은 여럿이다. 왜냐하면 그대는 태양이 실제로 하나지만 빛은 어떤 식으로든 시각에 나누어진다고 말할 것이기 때문이다. 이런 이유로 아리스토텔레스가 자신의 예증에서 태양이 아니라 빛을 설정한 반면, 플라톤은 태양을 설정했다."[33] 그러므로 아리스토텔레스가 언급한 능동지성은 하나의 조명자가 아니며, 조명되는 것인 가능지성도 하나가 아님이 테미스티우스의 말에서 분명해진다. 그러나 가톨릭 신자들에 의한 신 아니면 아비첸나에 의한[34] 최고 지성체, 눌 중 하나인 분리된 실체, 즉 조명의 원리가 하나임은 분명하다. 테미스티우스는 가르치는 자와 배우는 자가 동일한 것에 대해 사고한다는 사실을 들어 이런 분리된 원리의 단일성을 입증하는데, 조명하는 원리가 동일하지 않다면 그리될 수 없을 것이다.[35] 그러나 그가 나중에 가능지성이 하나인지의 여부에 대해 의심을 품은 이가 있었다고 말한 것도 사실이다.

---

[34] Avicenna, *Metaphysica*, 9.3 (ed. Venetiis 1508, fol. 104rbF; reprint. Louvain: Edition de la bibliothèque 1961.)

[35] Themistius, *In De anima*, 3, 235.15-236.40.

121. Nec circa hoc plus loquitur, quia non erat intentio eius tangere diversas opiniones philosophorum, sed exponere sententias Aristotelis, Platonis et Theophrasti; unde in fine concludit "Sed quod quidem dixi pronuntiare quidem de eo quod videtur philosophis, singularis est studii et sollicitudinis. Quod autem maxime aliquis utique ex verbis quae collegimus accipiat de his sententiam Aristotelis et Theophrasti, magis autem et ipsius Platonis, hoc promptum est propalare".

Ergo patet quod Aristoteles et Theophrastus et Themistius et ipse Plato non habuerunt pro principio, quod intellectus possibilis sit unus in omnibus. Patet etiam quod Averroes perverse refert sententiam Themistii et Theophrasti de intellectu possibili et agente; unde merito supra diximus eum philosophiae peripateticae perversorem. Unde mirum est quomodo aliqui, solum commentum Averrois videntes, pronuntiare praesumunt, quod ipse dicit hoc sensisse omnes philosophos Graecos et Arabes, praeter Latinos.

122. Est etiam maiori admiratione vel etiam indignatione dignum, quod aliquis Christianum se profitens tam irreverenter de christiana fide loqui praesumpserit: sicut cum dicit quod "Latini pro principiis hoc non recipiunt", scilicet quod sit unus intellectus tantum,

---

[36] 같은 책, 244.2-6. [37] *DUI* 2장 (59번) 참조.
[38] 여기서 토마스가 염두에 두고 있는 대상이 누구인지 확실치 않다. 시제 브라방일 가능성이 높다는 것이 일반적인 해석이다. 그럼에도 여기에서 인용되는 구절들이 시제의 저작이나

121. 그는 이 점에 대해 더 말하지 않는다. 왜냐하면 그의 의도가 철학자들의 상이한 견해를 논하는 것이 아니라 아리스토텔레스, 플라톤, 테오프라스투스의 이론을 설명하는 데 있었기 때문이다. 그리하여 그는 마침내 이렇게 결론짓는다. "그러나 내가 이 점에 대한 철학자들의 견해처럼 보이는 것을 밝히기 위해 말한 것은 특별한 연구와 주의가 필요하다. 그러나 우리가 모은 텍스트에서 누구든지 아리스토텔레스와 테오프라스투스, 그리고 무엇보다도 플라톤 자신에 대한 견해를 확실히 받아들이게 된다는 사실이 쉽사리 드러난다."[36]

그러므로 아리스토텔레스, 테오프라스투스, 테미스티우스 그리고 플라톤 자신이, 모든 [인간]에게 가능지성이 하나라는 점을 원리로서 주장하지 않았다는 점은 분명하다. 또한 아베로에스가 가능지성과 능동지성에 대해 테미스티우스와 테오프라스투스의 견해를 왜곡되게 보고한다는 점도 분명하다. 따라서 우리가 앞에서 그를 소요학파 철학을 왜곡한 자로 부른 것은 당연했다.[37] 그러므로 누군가가 아베로에스의 주해만을 보고 이것이 라틴 사람들을 제외한 그리스 철학자들과 아랍 철학자들 양자의 의견이라는 그 자신의 주장을 감히 언급한 것은 놀랍다.

122. 자신을 그리스도인이라고 고백하는 누군가가[38] "라틴 사람들은" 지성이 단 하나만 있다는 점이 "자기네 율법과 상반되기 때문에 이 점을 원리로 주장하지 않을 것이다"라고 말하듯이, 감히 그리스도교 신앙에 대해 아

현존하는 다른 아베로에스주의자들의 저작들에 발견되지 않는다. 한편, 토마스가 염두에 두는 대상이 시제일 가능성을 부정하는 데일스(R. Dales)는 보에티우스 다치아를 대안으로 제시한다. Richard Dales, *The Problem of the Rational Soul in the Thirteenth Century* (Leiden: E.J. Brill 1995) 148-9 참조.

"quia forte lex eorum est in contrarium". Ubi duo sunt mala: primo, quia dubitat an hoc sit contra fidem; secundo, quia alienum se innuit esse ab hac lege. Et quod postmodum dicit "Haec est ratio per quam Catholici videntur habere suam positionem", ubi sententiam fidei positionem nominat. Nec minoris praesumptionis est quod postmodum asserere audit, Deum non posse facere quod sint multi intellectus, quia implicat contradictionem.

123. Adhuc autem gravius est quod postmodum dicit "Per rationem concludo de necessitate quod intellectus est unus numero, firmiter tamen teneo oppositum per fidem". Ergo sentit quod fides sit de aliquibus quorum contraria de necessitate concludi possunt; cum autem de necessitate concludi non possit nisi verum necessarium, cuius oppositum est falsum impossibile, sequitur secundum eius dictum quod fides sit de falso impossibili, quod etiam Deus facere non potest: quod fidelium aures ferre non possunt. Non caret etiam magna temeritate, quod de his quae ad philosophiam non pertinent, sed sunt purae fidei, disputare praesumit, sicut quod anima patiatur ab igne inferni, et dicere sententias doctorum de hoc esse reprobandas; pari enim ratione posset disputare de Trinitate, de Incarnatione et aliis huiusmodi, de quibus nonnisi caecutiens loqueretur.

---

[39] *DAI* 3, 88.50-54와 7, 108.86.

주 불손하게 말하는 것은 훨씬 더 놀랍거나 분개할 만하다. 여기에는 두 가지 해악이 있다. 첫째, 그는 이것이 신앙에 상반되는지에 대해 의심한다. 둘째, 그는 자신이 이 율법에서 벗어났음을 인정한다. 그리고 그는 나중에 신앙의 가르침을 하나의 입장이라고 부르면서 "이것이 가톨릭 신자들로 하여금 그들의 입장을 주장하도록 하는 듯 보이는 추론"이라고 말한다. 신이 다수의 지성을 만드는 것은 모순을 포함하기 때문에 그렇게 할 수 없다고 그가 나중에 감히 단언하는 것도 마찬가지로 주제넘은 짓이다.

123. 그러나 그가 다음에 "나는 이성을 통해서는 지성이 수적으로 하나라고 필연적으로 결론 내리지만, 신앙을 통해서는 그 반대 입장을 단호하게 주장한다"고 말하는 것은 훨씬 더 심각하다. 그러므로 그의 생각에 의하면, 신앙은 그 반대 주장들이 필연적으로 결론지을 수 있는 명제들과 연관된다.[39] 그러나 필연적 진리만이 필연적으로 결론에 이를 수 있으며 이것의 반대 입장은 거짓이고 불가능하기 때문에, 그의 말에 의하면 신앙은 거짓이고 불가능한 것을 다루는데, 이는 신도 어쩔 수 없을 것이다. 신앙에 충실한 사람들은 이것을 듣고 참을 수 없다. 또한 그가 영혼이 지옥불에 견딜 수 있다는 것[40]처럼 철학에 속하지 않고 순수 신앙에 속한 것에 대해 감히 토론하는 것, 그리고 그가 이 점에 대해 박사들의 가르침이 거부되어야 한다고 감히 말하는 것은 아주 경솔한 짓이다. 그는 같은 추론을 통해 삼위일체, 육화, 그리고 이런 유의 다른 가르침에 대해 논증할 수 있었다. 무식한 자만이 그렇게 말할 것이다.

---

[40] *QIIIDA* 11.

124. Haec igitur sunt quae in destructionem praedicti erroris conscripsimus, non per documenta fidei, sed per ipsorum philosophorum rationes et dicta. Si quis autem gloriabundus de falsi nominis scientia velit contra haec quae scripsimus aliquid dicere, non loquatur in angulis nec coram pueris qui nesciunt de tam arduis iudicare, sed contra hoc scriptum rescribat, si audet; et inveniet non solum me, qui aliorum sum minimus, sed multos alios veritatis zelatores, per quos eius errori resistetur, vel ignorantiae consuletur.

124. 그러므로 이것은 신앙의 가르침이 아니라 철학자 자신들의 논변과 말을 통해 우리가 앞서 말한 오류들을 부수기 위해 쓴 것이다. 그러나 누군가가 지식이라는 거짓된 이름으로 불리는 것에 우쭐해하며, 우리가 여기서 쓴 것에 반하여 무슨 말이든 하고자 한다면, 구석진 곳이나 그렇게 어려운 문제에 대해 판단할 줄 모르는 소년들 앞에서 말하지 말고,[41] 할 수 있거든 이 저술에 반대하여 글 쓰게 하라. 그는 자신의 실수에 반대하고 자신의 무지를 치유할 사람 중 가장 하찮은 나 말고도 진리를 사랑하는 여러 다른 사람을 만나게 될 것이다.

---

[41] 여기서 아베로에스주의자들이 소모임에서 사적으로 자신의 의견을 유포했음을 알 수 있다.

색인 인명

가톨릭 신자들Catholici 221 223 227
그리스 사람들Graeci 71 137 139 223
니사의 그레고리우스Gregorius Nyssenus 69 106-7 163 165

에메사의 네메시우스Nemesius Emesenus 106
니콜레토 베르니아Nicolleto Vernia 50

단테 알리기에리Dante Alighieri 50

라틴 사람들Latini 65 71 139 221 225
로버트 킬워드비Robert Kilwardby 17

마크로비우스Macrobius 163

베르니에르 네비예Bernier Nevilles 16
보나벤투라Bonaventura 17
보에티우스Boethius 5 107-8
보에티우스 다치아Boethius Dacia 14 16 225

소요학파 사람들Peripatetici 38 65 129 141
시제 브라방Siger Brabant 14 16 26-31 41-2 47-50 143 152-3 172-3 219 224-5
심플리키우스Simplicius 163

아고스티노 니포Agostino Nifo 48 50
아낙사고라스Anaxagoras 91 93 187
아랍 사람들Arabes 83 137 139
아리스토텔레스Aristoteles 14-5 17-22 26-7 29 31-6 38-9 43 47 50-1 62-3 65-7 69-73 79 81 83 87 89 91 93 95 97 99 101 105 107 109 111 113 115 117-9 121 123 125 127 133 138 143 145 149 153 159 161 163 165 167 169 171 177 182-3 187 189 191 193 197 199 201 211 213 217 219 221 223 225
아베로에스Averroes 13-5 17-27 32 39-40 50 63 66 72-3 75 83 95 109-10 135 137 141 143 146-7 149 151 207 216 225
아베로에스주의자들Averroistae 13-6 18 20 26 32-3 35-8 41 43-4 46 48 87 105 197 221 225 229
아비첸나Avicenna 22 39 137-9 221 223
알가잘리Algazel 39 139 219 221
알렉산더 아프로디시아스Alexander Aphrodisias 20 39 63 104 110 129 135 137
알베르투스 마뉴스Albertus Magnus 17
에티엔느 텅피에Étienne Tempier 16 48
엠페도클레스Empedocles 89 91
요한 잔둔John Jandun 16 50
윌리엄 모에르베케William Moerbeke 20 39 135

주석가Commentator 15-6 20-1 26 38-9 46 73 75 163

231

철학자Philosophus 13 20 22 39 43 46-8
    50-1 70-1 91 103 139 147 149 157
    177 185 189 201 221 225 229

테미스티우스Themistius 20 39 104 110
    113 129 133 135 161 165 177 223
    225
테오프라스투스Theophrastus 39 133 135
    147 225

프로클로스Proclus 107
플라톤Plato 43 69 72-3 125 162-3 165
    179 201 209 223 225
플라톤주의자들Platonici 95 107 153
플로티누스Plotinus 69 163 165
피에트로 폼포나치Pietro Pomponazzi 20

색인 사항

가능태potentia 18 38 43 87 89 91 93 97 113 119 121 125 129 131 133 135 137 139 149 153 155 161 163 171 187 189 191 211
가르치는 사람docens 113 191
감각sensus 19 21 24-5 27-9 36-8 71 73 77 82 87 89 91 93 95 97-9 113-5 121 125 127 131 133 135 149 151 153 155 161 163 171 195 211 213
　　감각 대상sensibile 24 87 89 93 97 135 163 209 211
　　감각 작용sentire 24 29 40 77 79 87 99 149 161
강의 금지령 14
개념적으로secundum rationem, ratione 71 73 75 77 85 125
개별자individuum 15 23 26 28 31-3 36 40 43 46 155 163 169 179 201
개연성probabilitas 217
개체화individuatio 23-4 31 44-6 199 201 203 213 215
건강sanitas 79 101 107 159 161 215
결과effectus 28 33 37-8 44 46 65 71 73 117 121 127 157 161 183 201-3 205 221
결합copulatio, continuatio, coniunctio 19 23-4 26 29-32 37-41 45-6 63 69 75 77 98 105 111 113 115 117 119 121 123 147 149 151 153 155 157 159 165 167 169 173 183 189 191 213
경계confinium 37 102-3
계시revelatio 5 15 171
고통스러워하는 것dolere 115

교류conversatio 183
교사doctor, magister 161 215
구분divisio 19 29 32 37 45 50 81-2 173 197
그 자체로secundum se 71 73 137 191 199 217
근거ratio 23 25 30-1 37 47 67 79 111 145 151 172
기관organum 24 67 95 97 99 111 117 139 143 167 171 183
　　신체 기관 19-20 22 25 27-30 33 36 41 99 101 115 137 139 169
　　기관의 측면에서organo 73
기뻐하는 것gaudere 115
기술ars 129 131 159

논변ratio 23 38-9 44 46-7 107 117 119 139 143 145 153 159 168 171 197 199 203 205 207 229
논증demonstratio 7 27-8 34 45 145 207 217 227
능력virtus, potentia 15 17 19-23 25 27-30 33 35-9 41-2 45-6 49 75 77 79 81-2 93 95 99-103 113 117 119 123 127 131 137 139 143 151 153 169 171-3 177 179 181 183 189 203 207 209 211 215
　　감각 능력potentia sensitiva 79 81 89 97 119 151 153
　　물질적 능력virtus materialis 203
　　사변 능력potentia perspectiva 73 85
　　욕구 능력potentia appetitiva 81
　　운동 능력potentia motiva 79

인식 능력virtus sciens 24 46 139
작용 능력virtus operans 139
장소 이동 능력potentia motiva secundum locum 81
지성 능력potentia intellectiva 45 79 119-21 139 151 167 171 203

다수성pluralitas 44 46 65 197 203 205 207
다의적으로aequivoce 147 165
단일성unitas 21 26 43 135 153 199 223
단일체unum 151 153 155
단적으로simpliciter 125 199 209 213
단죄condemnatio 15-6 26-7 32 48-50
도덕철학moralis philosophia 40-1 169
도덕학scientia moralis 183

모순contradictio 6 15 29 41-2 169 173 199 203 205 227
목적finis 7-8 65 139-41 217 219
무한성infinitas 219
물질성materialitas 19 213
물체corpus 46 103 216-7 219 221
미워하는 것odire 113

반대 입장oppositum 47 227
발견invenire 17 30 51 71 73 91 117 137 145 147 172 175 187 189 191 225
방식modus 6-7 23 25 31 33 40 44 49 67 69 71 75 81 85 89 95 97 105 115 121 123 131 145 147 151 155 159 161 165 167 169 187 193 195 199 211 213 215 217
작용 방식modus operandi 83 87 111
존재 방식modus essendi 37-8 111
표현 방식modus loquendi 85
배우는 자addiscens 215 223
배움addiscere 44 189 191
보편자universale 139 169 213
복합commixtio 123 155
복합체compositum 38 45 111 113 115 121 123 153 173
본성natura 20 29 46 63 89 91 93 95 119 121 123 129 135 137 161 171 183 199 201 203 205 211 213 219 221
부분pars 15 18 20-1 41 47 67-9 73 75 77 81 83 85 89 101 109 115 117 125 127 131 133 137 153 155 165 181 219 221
감각적 부분pars sensitiva 28 73 77 97 125 131
생장적 부분pars vegetativa 28 73 77 125 127
운동적 부분pars motiva 73 77
지성적 부분pars intellectiva 67 73 77 95-7 109 111 125 127 133 163
분리 가능성separabilitas 26-8 31 77
불멸하는 것incorruptibile 105
불사적인 것immortale 109
비례proportio 46 95 123 144-5 195 199
비물질성 22 27-9 31 34 36
빛lumen 129 177 179 223

사고 가능성intelligibilitas 213
사고 대상intellectum 46 147 185 187 205 207 209-11
사고 작용intelligere 19 23-5 27-9 31 35 39-40 43 46 48 79 87 89 93 115 129 139 143 145-7 151 155 157 159 161 167 173 175 179 181 183 185 187 191 195 205 207 209 211 213 219
사랑하는 것amare 113
사려prudentia 223
삼위일체Trinitas 227
상species 46 89 149 151 175 185 189 193 195 209 211 213
    감각상species sensibilis 23 114-5 151 211
    심상phantasma 24 31-2 39-40 114-5 147 149 151 169 175 185 189 191 193 195
    지성상species intelligibilis 40 44 46 115 129 137 147 149 151 173 189 191 193 195 209-11 213 215
상반되는 입장contrarium 171
상상력imaginatio, phantasia 83 114 131 149 211
상이성dissimilitudo 5 97
생명vita 18 29 35 71 73 79 99 143 153 155 163
생성generatio 103 135 149
서판tabula 43 187 189
선bonum 163 217
선택electio, arbitrium 48-9 137 183
성찰meditatio 189

세계mundus 6 14-5 17 23-4 40 49 51 139 207 209 211 218-9 221
소멸될 수 있는 것corruptibile 75
수numerus 31 43-5 47-8 107 119 151 179 181 185 197-9 201 203 205 207 211 221 223 227
수동성 22-3 89
습성habitus 187 189
신Deus 15 21 47 49 119 123 139 177 199 203 205 207 223 227
신앙fides 21 47 65 171 225 227 229
신체corpus 15 18-31 33-4 36-7 41-2 44-6 49 63 67 69 71 75 77 79 81 85 87 95 97 99-103 105 107 109 115 117 119 123 127 137-9 143 145 151-3 155 157 161 163 165 167 169 172 179 181 183 197 203 215-6 219
    물리적 신체corpus physicum 67 79 87 139
실체substantia 15 25 27-31 33 36 41 45 63 65 67 75 77 85 105 111 121 153 155 175 197 199 217 219
    고립적 실체substantia solitaria 137
    물질적 실체substantia materialis 44
    분리된 실체substantia separata 26 32-3 37-9 41 93 97 115 117 147 169 175 177 191 199 201 207 213 217 221 223
    비물질적 실체substantia immaterialis 22-3 138
    지성적 실체substantia intellectualis 46 215

아무 활동을 하지 않는 것otiosae 217
양quantitas 14 45 219
연습exercitio 189
영원aeternum 15 49 75 105 109 191 193 219
영향 받음passio 111 187
영혼/혼 18-29 32-38 41-2 45-6 49 65-7 67 69 71 73 75 77 79 81-3 85 87 89 91 93 95 97-9 101-2 105 107 109 111 113 115 117 121 123 125 127 129 131 133 137-9 143 145 147 153 155 161 163 165 169 171-3 177 179 181 183 203 209 213 215 219 221 223 227
    감각혼anima sensitiva 29 37-8 73 98-9 121 127 133 155
    생장혼anima vegetabilis. anima vegetativa 29 37-8 73 98-9 123 127
    인간 영혼anima humana 15 21-2 25-9 33 35-9 41-2 44-5 65 75 98-100 102 127 129 133 137 139 171-3 219-21
    지성적 영혼anima intellectiva 17 28-30 107 121 123 127 173
예비praeparatio 137
오류error 21 32-3 43 47 50 63 65 97 119 139 141 205 219 229
완성perfectio 21-2 25 30 48 75 101 133 137-9 175 177 189
완전성perfectio 217 219
왜곡한 자perversor 17 225
욕구desiderium 49 63 81
우둔stultitia 223
우유accidens 45 105 111 115 199

우유적으로per accidens 117
운동motus 71 73 77 79 91 115 157 159 161 217 219
움직여지는 것motum 69 157 159
움직이게 하는 자movens 22 138 151-3 155-7 159 161 167 169 179 181 183-5
원리principium 15 23 28-31 37 39-43 45 73 91 99 123 145 147 149 159 167 172-3 175 185 213 215 217 221 223 225
    개체화의 원리principium individuationis 23 31 44 201 213
    도덕철학의 원리principium philosophiae moralis 41 169
    제일원리primum principium 79 145 161 215
    존재의 원리principium essendi 111-3
    철학의 원리principium phiosophiae 65
    활동의 원리principia actuum 35 143
원소elementum 98-9 119 123 139
원인/인causa 15 103 127 139 145 153 199 201 205 221
    산출 원인causa productiva 125 127
    운동인causa movens 109
    형상인causa formalis 109
유genus 153 155 195 199 201 227
유사성similitudo 97 125
유아론 46 209
육화incarnatio 227
의사medicus 101 161 215
의지voluntas 40-1 43 48 67 167 169 183
이성ratio 25-6 29 31 39 47 72 75 121 227

이중주체론 23-4 39-40 146
이중진리론 15 47
인식cognitio 19 22-4 27 40 46 49 83 89 91 93 114-5 117 139 149 155 159 171 175 185 187 191 209 215
임무opus 101 115

자연natura 133 161 215
작업opus 6-8 221
작용operatio, actio 6-7 19 21-7 29-32 34-5 37-41 71 73 77 83 87 99 101 111 113 115 119 121 123 131 137 139 143 145 147 149 151 153 155 157 159 161 167 171 173 175 181 183 185 187 189 201 207 211 213 219
작용자agens 125 127 177 181
장소locus 71 81 85 95
    장소의 측면loco 73 75 77 85 125
    형상들의 장소locus specierum 95 97 171 189
전제praeambula 43-4 185
정의definitio 18-22 25 33-6 66-7 69 71 75 81 138 145 153 165 201
제일철학philosophia prima 115 221
조명illuminatio, irradiatio 155 161 189 193 195 223
조명자illustrator 223
존재esse 15 18-9 21-5 27-8 31 33 36-40 42 44-6 63 71 81 85 89 93 97 101-3 105 107 109 111 113 121 123 125 127 131 133 135 138 155 157 159 161 172-3 189 191 201 203 209 211 219 221 223

존재자ens 111 161 199 203
종species 31 44 107 119 125 152 155 167 179 197 199 201 205 207 223
주관주의 46 209
주체subiectum 24 40 45 79 85 89 91 125 135 147 151 163 169 173 181 213
    주체의 측면subiecto 85 125 213
    제일주체primum subiectum 201
    존재의 주체 24
    진리의 주체 24
지배권dominium 183
지성intellectus 15 17 19-48 51 62-3 65 67 69 71 73 75 77 79 81-3 85 87 89 91 93 95 97 99-101 103 105 107 109 111 113 115 117 119 121 123 125 127 129 131 133 135 137 139 143 145 147 149 151-3 155 157 159 161 163 165 167 169 171 173 175 177 179 181-3 185 187 189 191 193 195 197 199 203 205 207 209 211 213 215 219 221 225 227
    가능지성intellectus possibilis 17 19 43-4 46 62 65 79 83 99 105 109 117 127 133 135 137 147 149 151 155 163 177 179 187 189 191 193 195 197 211 223 225
    능동지성intellectus agens 17 19-22 43-4 83 105 109 111 117 129 133 137 139 177 179 191 193 211 215 223 225
    분리된 지성intellectus separatus 23 31 39-40 44 46 161

사변지성intellectus contemplativus 83 85 137
실천지성intellectus practicus 137
제작지성intellectus factivus 129 131
질료지성intellectus materialis 19 62-3
활동지성intellectus activus 133
지성단일성 31-2 43-4 47 177
지성단일성론 15-8 21 26 31-2 47 49-51
지성 대상intelligibile 24 87 89 97 137
지식scientia 43 47 77 79 159 161 185 187 189 209 213 215 229
지평horizon 5-7 37 102
지향점terminus 8 103 149
진리veritas 14-5 24 34 48 63 65 71 125 181 209 227 229
    그리스도교 신앙의 진리veritas fidei christianae 65
    필연적 진리verum necessarium 227
질료materia 18-9 23 27 31 37-8 42 44-6 63 69 79 98-9 101 103 105 107 109 111 113 119 121 123 129 131 133 153 165 171-3 197 199 201 203 211 215 221
질료형상론 18
질서ordinatio, ordo 29 37 98-9 123 175 221

차이diversitas 6-7 65 83 85 87 89 115 133 183 185
창조creatio 7 139 221
천체corpora caelestia 15 49 99 139 175 219
철학philosophia 5-8 14-5 26 32 39-41 44 47 50-1 65 100 115 141 143 169 197 221 225 227
    제일철학philosophia prima 115 221
추론ratio, ratiocinatio 19 27 79 81 97 111 117 173 207 217 219 227
추상 작용abstractio 22 40 171 195 213

크기magnitudo 85 115 173

타락시킨 자depravator 17 141
탁월함principalitas 182
특수성singularitas 213
특수자particulare 15 49 153 165 201 211 215

파리 대학 13 16-7
    파리 대학 신학부 32
    파리 대학 인문학부 13-4 16 26 32 50
필연성necessitas 49 117 217 219

하늘caelum 155
하성何性(quidditas) 46 205 211
학생discipulus 215
해악malum 227
행복felicitas 15 167 219
현실태actus 18-9 21-2 33-4 36 41-2 44-5 67 69 71 79 81 87 89 91 93 95 97 99 101 117 119 121 127 129 131 133 135 145 147 149 151 153

155　157　161　171　175　187　189　203
　　　211
　　제일 현실태actus primus　67　187
형상forma　18　22-4　30　36-41　43　45　49
　　　63　67　69　77　79　95　97-101　103　105
　　　107　109　111　113　119　121　138-9
　　　145　147　149　151　153　159　161　165
　　　167　169　171　173　179　183　185　189
　　　199　203　209　221
　　물질적 형상forma materialis　23　28
　　　37　42　44　98-9　102-3　171-2　197
　　분리된 형상forma separata　37　103
　　　105　199
　　비물질적 형상forma immaterialis　31
　　　37　42　44　172　209
　　신체의 형상forma corporis　19-20　22
　　　28　34-6　42　45　79　99-100　105
　　　107　119　123　135　137　139　143
　　　145　171-3　177　179　203
　　실체적 형상forma substantialis　28-30
　　　45　67　111
　　우유적 형상forma accidentalis　45
　　형상의 부여자dator formarum　139
　　형상 이론　153
활동actus　6-7　16　29-31　35　37　71　99
　　　133　143　145　157　167　169　201　215-7
활용exercitas　157

색인 문헌

□ 에메사의 네메시우스

『인간본성론』*De natura hominis*
- c. 2   106
- c. 3   106

□ 마크로비우스

『스키피오의 꿈 주해』*In Somnium Scipionis*
- 2, 12   162

□ 시제 브라방

『영혼론 3권에 대한 문제』*Quaestiones in tertium de anima* 9 26-7 50 59
- 1, 2.26-32   28
- 1, 3.48   119
- 1, 3.61-64   153
- 2, 6.50-51   152
- 4, 12.67   143
- 4, 12.70-13.77   27
- 7, 22.16-18   29
- 7, 23.18   172
- 7, 23.18-23   30
- 7, 23.38-39   31
- 8, 25.16-20   31
- 8, 25.16-28   31
- 8, 25.26-27   152
- 9, 25.7-26.8   31
- 9, 25.7-26.9   197
- 9, 26.23   203
- 9, 26.28-30   27
- 9, 26.29-30   31
- 9, 28.64-76   31-2

- 11   227
- 11, 34.4-35.5   176
- 14, 51.28-31   97
- 14, 52.78-82   218

『지성적 영혼』*De anima intellectiva* 9 50 219
- 3, 88.50-54   226
- 3, 78.27-28   97
- 6, 98.72-77   219
- 7, 101.13-17   197
- 7, 104.90-93   219
- 7, 108.86   226
- 8, 109.11-14   119

□ 심플리키우스

『범주론 주해』*In Aristotelis Categorias commentarium*
- 2.3   163

□ 아리스토텔레스

『니코마코스 윤리학』*Ethica Nicomachea* 9 163 219
- 3.3, 1111a22-24   168
- 9.4, 1166a15-17   164
- 9.8, 1168a31-33   164
- 9.8, 1169a2   164
- 9.8, 1169a2-3   182
- 10.7, 1177a12-17   166
- 10.7, 1177a13-17   218

『동물 발생론』 *De generatione animalium*
   118-9 121-3 142
   2.3, 736b12-15   121
   2.3, 736b27-28   118
   2.3, 736b27-29   122
   2.3, 736b28-29   142
   2.3, 736b29-737a1   123

『범주론』 *Categoriae*
   2, 1a25-27   213

『생성소멸론』 *De generatione et corruptione*
   2.11, 337a34-338b19   190

『수사학』 *Rhetorica*
   2.4, 1382a6   169

『영혼론』 *De anima* 9 15-6 18-21 26-7
         34-5 43 55 67 71 79 105 111
         113 115 125 149 159 167 169
   1.1, 402b3-9   18
   1.1, 403a10-12   111
   1.2, 404b13-15   89
   1.2, 405b10-17   90
   1.3, 407a4-6   72
   1.4, 408b17-18   104
   1.4, 408b19-24   114
   1.4, 408b5-6   114
   1.4, 408b25-29   112
   2.1, 412a20-21   18
   2.1, 412a27-28   18
   2.1, 412b4   66
   2.1, 412b5   66
   2.1, 412b5-6   18

2.1, 412b8-12   67
2.1, 412b6-9   18
2.1, 413a3-5   18
2.1, 413a4-7   67
2.1, 413a8-9   70
2.1, 413a9-10   71
2.1, 412b17   68
2.2, 413a11-13   71
2.2, 413a13-20   144
2.2, 413a21-25   71
2.2, 413b16   74
2.2, 413b11-13   72
2.2, 413b13-17   73
2.2, 413b16-21   73
2.2, 413b24-25   73 84
2.2, 413b25-26   74-5
2.2, 413b26-27   104
2.2, 413b27-29   76
2.2, 413b29-30   76
2.2, 414a4-12   78
2.2, 414a11-12   160
2.2, 414a12-14   78 144
2.3, 414a31-2   80
2.2, 413b32   72
2.3, 414b18   80
2.3, 414b19-22   81
2.3, 414b28-32   125
2.3, 415a7   81
2.3, 415a11-12   82 84
2.4, 415a18-20   143
2.5, 417a2-9   89
2.5, 417b18   86
2.12, 424a28-31   87
3.3, 429a1-2   149

색인 241

3.4, 429a10-11	19 83	3.5, 430a20-25	19
3.4, 429a11-12	84	3.5, 430a22-23	104 109
3.4, 429a12	85	3.7, 431b17-19	116
3.4, 429a12-13	85	3.7, 432a16-7	31
3.4, 429a13	86	3.7, 432b2	31
3.4, 429a13-15	87	3.8, 432a3-10	31
3.4, 429a14-29	19	3.9, 432b5	168
3.4, 429a15	88 96	3.10, 433a22	166
3.4, 429a15-16	88		
3.4, 429a16-18	89	『자연학』*Physica* 9 101 115 117 149 185	
3.4, 429a18	90	221	
3.4, 429a18-24	62	2.2, 194b9-12	101
3.4, 429a18-b22	27	2.4, 194b9-13	148
3.4, 429a19	91	2.2, 194b12-13	103
3.4, 429a20	91	2.2, 194b13-15	221
3.4, 429a21-22	92	2.2, 194b14-15	115
3.4, 429a23	78 145 167	5.4, 227b21-228a3	185
3.4, 429a24	92	7.1, 242a32-b4	185
3.4, 429a22-24	93	8.4, 255b15-16	118
3.4, 429a25	94	8.4, 255b19-20	118
3.4, 429a25-26	97		
3.4, 429a25-27	95 171	『정치학』*Politica*	
3.4, 429a27-29	96	1.1, 1253a2-3	183
3.4, 429a27-28	189		
3.4, 429a28-29	171	『형이상학』*Metaphysica* 9 20 105 107-8	
3.4, 429a29-b5	97	111 116-7 153 157 165 199	
3.4, 429a9-b5	161	201 203 213 217 219 221	
3.4, 429b4-5	19	1.1, 980a22	62
3.4, 429b5-7	36	1.1, 981a16-17	201
3.4, 429b5-9	186	1.6, 987b4-18	209
3.4, 429b9	191	4.2, 1003b30-34	202
3.4, 429b23-25	187	5.6, 1016b4-5	200
3.4, 429b30-430a2	43 187	5.6, 1016b31-35	199
3.5, 430a15	177	5.6, 1017a2-6	200

6.2, 1003b31-32	199	2.21, 160.6-27	25 75
7.1, 1028a18	111	2.21, 160.25-27	74 146
7.9, 1034a33-34	123	2.21, 160.30	75
7.10, 1035b23-25	165	2.25, 165.4	22
7.10, 1035b27-31	165	2.26, 166.9-12	22
7.11, 1036b22-24	105	2.32, 178.33-35	22
7.11, 1037a1-2	105	2.32, 178.34-35	82 146
7.15, 1040a25-30	201	3.1, 380.40-41	143
7.16, 1040b28-1041a4	105	3.4, 384.29	94
8.5, 1045a8-11	155	3.4, 385.62-386.105	23 27
8.5, 1045a20-25	155	3.4, 385.78-79	63
8.6, 1045a14	153	3.5, 388.38	94
8.6, 1045a31-b6	199	3.5, 392.158-393.195	207
9.8, 1050a30-36	157	3.5, 393.196-394.227	135
9.8, 1050a34-36	212	3.5, 393.196ff	136
10.10, 1058b26-29	105	3.5, 397.295-298	66
12.1, 1069a 21-22	111	3.5, 397.312ff	119
12.3, 1070a21-27	108	3.5, 399.370-401.423	24
12.8, 1074a15-17	217	3.5, 400.376-394	146
12.8, 1074a18-22	216	3.5, 404.501-405.527	24
12.8, 1074a19-20	217	3.5, 406.575-576	64
		3.5, 407.574-604	193
		3.5, 411.710-412.728	207
□ 아베로에스		3.5, 411.717-412.721	215
		3.20, 448.15ff	109
『영혼론 대주해』Commentarium magnum in Aristotelis de anima libros 9 55 83		3.36, 500.611-616	25

『영혼론 대주해』*Commentarium magnum in Aristotelis de anima libros* 9 55 83

1.7, 138.15-19	66
1.90, 121.8-13	72
2.5, 134.9-135.17	22
2.5, 137.11-14	22
2.7, 138.18-9	25 75
2.11, 147.18-21	22
2.21, 160.6-9	22
2.21, 160.6-15	73

『형이상학 주해』*Aristotelis Metaphysicorum Libri XIII in eosdem commentariis et epitome*

11. 44	216
11. 48	216

□ 아비첸나

『영혼론』*Liber de anima seu Sextus de naturalibus* 137 223

1.5, 80.12-16	138
2.1, 113.44-45	138
5.1, 80.54-63	137
5.3, 111.16-20	222
5.6, 148.40-43	189

『형이상학』*Metaphysica*

9.3	223

□ 알가잘리

『형이상학』*Metaphysica* 139

2.4.5, 171.2-11	139
1.1.6, 40.23-25	220
1.1.6, 41.1-10	220

□ 플라톤

『국가』*Republica*

4, 435b-442a	72

『파이돈』*Phaedon*

79c	162

□ 프로클로스

『신학요강』*Elementatio theologiae*

prop. 196	107

□ 테미스티우스

『영혼론 주해』*In libros Aristotelis de anima paraphrasis* 20 39 129 133 135 223

2, 75.90-91	113
3, 109.68-71	160
3, 225.2-8	128
3, 225.16-24	130
3, 228.68-75	132
3, 228.79-229.85	132
3, 229.89-91	132
3, 233.73-234.79	132
3, 234.88-90	132
3, 235.7-11	222
3, 235.10-11	179
3, 235.15-236.40	223
3, 242.54-62	134 147
3, 244.2-6	224

□ 토마스 아퀴나스

『영혼에 대한 토론 문제』*Quaestiones disputatae de anima* 10

q.1	37-8 99 102
qq.2-3	17 65
q.2	100
q.3	45 181
q.5	177
q.6 ad 11	62
q.11	29
q.14	34
q.16	116

『명제집 주해』*Scriptum super libros Sententiarum* 10
 1.8.5.2 ad 6   44
 2.17.2.1   30 65 135
        172 177

『대이교도대전』*Summa contra gentiles* 10
    57 59
 2.59-70   17 65
 2.60   168
 2.62   135
 2.68   37 99-100
        102
 2.69   29
 2.73   181
 2.74   189
 2.75   215

『신학대전』*Summa theologiae* 10 16 59
 1.29.1   45
 1.39.3   45
 1.54.3   29
 1.75.2   34 38
 1.76.1   29 100
 1.76.1-2   17 65
 1.76.2   181
 1.76.7   107
 1.77.1   29
 1.79.1   29
 1.79.6   189
 1.84.7   46 210
 1.85.2   46 209
 1.117.1   215
 3.77.2   45

『영적 피조물에 대한 토론 문제』*Quaestio disputata de spiritualibus creaturis* 10
 a.2   17
 a.9   17
 a.9 ad 6   207

『진리론』*Quaestio disputata de veritate*
 18.5 ad 8   116

『영혼론 주해』*Sentencia libri de anima* 10
 2.2, 158-164   34 71
 3.12, 305-319   116

『원인론 주해』*Expositio super librum de causis*
 prop. 5   107

『분리된 실체』*De substantiis separatis* 59
 20   107

토마스 아퀴나스Thomas Aquinas는 1225년경 이탈리아 남부 아퀴노 인근 로카세카에서 귀족의 아들로 태어났다. 유년기에 몬테카시노의 베네딕도회 수도원과 나폴리 대학에서 수학한 그는 1244년경 도미니코회 수도원에 입회했다. 이를 반대한 문중에서는 그를 일 년 동안 납치하여 결정을 철회할 것을 종용했다. 이런 난관에도 뜻을 굽히지 않고 알베르투스 마뉴스의 지도를 받기 위해 쾰른으로 간다.

학창 시절, 과묵하고 몸집이 커서 '말 없는 황소'라는 별명이 붙어다녔다. 토마스의 탁월한 재능을 간파한 알베르투스는 "우리는 그를 '말 없는 황소'라 부르지만 언젠가는 그의 이론이 울부짖는 소리가 온 세상에 울려 퍼질 것이다"라고 예언했다.

토마스는 1256년 신학 석사학위를 받은 후 파리 대학을 필두로 강의·설교·저술에 정진했다. 1259년부터 이탈리아로 돌아가 여러 도시에서 강의했고 1269년에는 두 번째 파리 대학 교수직을 맡아 1272년까지 가르쳤다. 일생에서 가장 왕성하게 학문 활동을 한 시기가 바로 이때였다. 아리스토텔레스 해석을 둘러싸고 일어난 파리 대학 인문학부 교수와 신학자들과의 논쟁에 깊이 개입한 것도 이 무렵이었다.

토마스는 1274년 리옹 공의회에 참석하기 위해 가던 중 포사노바의 한 수도원에서 병을 얻어 세상을 떠났다. 1323년 시성되었으며, 1879년 교황 레오 13세의 회칙 「영원하신 아버지」에 의해 그의 사상이 가톨릭 교회의 공식 학설로 인정되었다.

주저 『신학대전』과 『대이교도대전』 외에도 토론 문제집, 성경 주해서, 아리스토텔레스 주해서, 논쟁적 저작 등, 방대한 저작이 전해진다.

이재경은 연세대학교와 대학원 철학과를 졸업하고 1994년 토론토대학교 중세학과(Centre for Mediaeval Studies)에서 문학석사, 2000년 같은 대학 철학과에서 철학박사 학위를 취득했다. 현재 연세대학교 철학과 교수로 재직 중이다. 『토마스 아퀴나스와 13세기 심리철학』(대구가톨릭대학교 출판부 2002)을 썼고 아베로에스의 『결정적 논고』(책세상 2005)와 조지 그라시아의 『스콜라 철학에서의 개체화』(이재룡 공역, 가톨릭출판사 2003)를 우리말로 옮겼다. 그 밖에 "The Intellect-Body Problem in Aquinas", *Archiv für Geschichte der Philosophie* 88 (2006), 「중세 이슬람철학의 합리주의 흐름」 『철학논총』 33 (2003), 「아비첸나의 '진공 속의 인간'」 『철학논총』 47 (2007), 「르네상스 철학자 폼포나치의 아리스토텔레스 읽기」 『철학』 88 (2006), 「'성난 황소' 토마스 아퀴나스」 『철학연구』 81 (2002), 「알가잘리의 인과 이론과 기적의 문제」 『중세철학』 10 (2004), 「토마스 아퀴나스와 실재론의 안팎」 『인간연구』 8 (2005) 등의 연구 논문이 있다.

【중세철학총서 간행위원】
강상진 · 김영철 · 박승찬 · 선지훈 · 신창석 · 이재경 · 이재룡(위원장)